数字化转型对中国企业国际化行为的影响

THE IMPACT OF DIGITAL TRANSFORMATION ON THE
INTERNATIONALIZATION OF CHINESE FIRMS

陶 攀 著

人民出版社

目　录

绪　论

第一节　选题背景及研究意义

一、选题背景

近年来，随着互联网、大数据和云计算等信息技术的发展，全球正逐步迈向数字时代和智能时代。数字化革命正在向我国各行各业加速渗透，引发企业的管理变革（戚聿东和肖旭，2020），数字化转型已成为激发企业创新活力和培育新质生产力的重要驱动因素。为了有效推进数字化建设，我国陆续出台了一系列保障数字中国建设的重要政策和发展规划。2016 年先后发布《国家信息化发展战略纲要》《"十三五"国家信息化规划》等支持数字化发展的政策文件；2021 年颁布《中华人民共和国国民经济和社会发展第十四个五年规划和 2035 年远景目标纲要》（简称"十四五"规划），强调"激活数据要素潜能……以数字化转型整体驱动生产方式、生活方式和治理方式变革"；工业和信息化部制定《"十四五"信息化和工业化深度融合发展规划》，将制造业数字化转型行动列为重点工程，强调"信息化和工业化深度融合是中国特色新型工业化道路的集中体现，是新发展阶段制造业数字化、网络化、智能化发展的必由之路，是数字经济时代建设制造强国、网络强国和数字中国的扣合点"。2022 年，国务院印发的《"十四五"数字经济发展规划》显示，"十三五"时期，我国深入实施数字经济发展战略，不断完善数字基础设施，加快培育新业态新模式，推进数字产业化和产业数字化取得积极成效。该规划同时指出，"十四五"时期，要加快企业数字化转型升级，全面系统推动企业研发设计、生产加工、经营管理、销售服务等业务数字化转型。

国际知名咨询公司埃森哲发布的《2021 埃森哲中国企业数字化转型指数研究报告》① 显示，在历经全球经济和疫情变化之后，中国数字化转型的成熟度稳步提升，中国企业已进入数字化转型分水岭的关键时期。具体而言，中国企业数字化转型的得分从 2018 年的 37 个百分点上升到 2021 年的 54 个百分点，而那些转型成效显著的领军企业占比也从 2018 年的 7% 提升到了 2021 年的 16%，其营业收入增速达到其他企业的 4 倍，数字化转型已成为促进企业创新发展的重要驱动力。

企业国际化是我国企业参与国际大循环的重要路径，对构建以国内大循环为主体、国内国际双循环相互促进的新发展格局具有重要意义。当前，国内外经济环境发生深刻变化，受全球经济复苏乏力、地缘政治、"逆全球化"等多种因素的影响，我国企业国际化面临新的挑战和压力。从出口层面来看，一方面，在中美贸易摩擦、疫情及俄乌冲突等事件的叠加冲击下，我国面临较大的出口压力，稳出口面临需求端、供给端及其他风险等各方面的挑战，而稳出口对我国稳增长、稳就业具有重要意义；另一方面，我国出口依然面临自主创新能力较弱、关键核心技术"卡脖子"的低端困境，阻碍了对外贸易的高质量发展，制造业转型升级的任务紧迫而艰巨。从对外直接投资层面来看，近年来美西方国家为削弱中国企业在全球产业链、供应链中的地位和作用，滥用安全审查、使用单边制裁、大搞国别歧视等恶劣手段，针对中国投资者实施极其严苛的监管和审查制度，掀起"去中国化"浪潮，中国企业"走出去"面临日益复杂的境外投资环境和风险形势。以跨境并购为例，普华永道发布的《2022 年中国企业并购市场回顾与 2023 年前瞻》显示，2022 年中国并购交易总额跌至 4858 亿美元，为

---

① 中国企业数字化转型指数是由埃森哲和国家工业信息安全发展研究中心合作，跟踪中国企业数字化转型成熟度和历程测算得出的，分数越高代表企业的数字化能力越强。

自 2014 年以来的最低水平，较 2021 年下降 20%，且短期内大规模反弹的可能性不大。

二、研究意义

数字企业通过先进的数字技术与丰富的数字化解决方案，赋能制造业企业生产，有效帮助制造业企业实现生产模式变革、组织结构重塑和业务模式挖掘创新，增强制造业企业的产业竞争力（蒋为等，2024），成为推动中国出口和对外直接投资高质量发展的新引擎（杜明威等，2022b）。在数字经济蓬勃发展的背景下，如何抓住新机遇，改变中国对传统劳动力和资源禀赋的依赖，通过数字化转型为企业国际化打造新动能、创造新优势，成为亟待研究的现实问题。那么，我国企业数字化转型的基本特征和趋势如何？企业数字化转型对出口和对外直接投资（尤其是跨境并购）究竟会产生怎样的影响？其具体影响渠道和路径如何？对这些问题的回答，有利于我国更好地释放数字经济红利，打破中国企业在全球技术链条中"低端锁定"的僵局，从长期来看，也有助于我国把握新一轮科技革命，为实现经济高质量发展提供支撑，具有重要的理论和政策意义。

近年来，学者们广泛关注数字化转型的经济效应，已有学者对数字化转型与出口之间的关系进行了一些研究，并取得了一些成果。然而，关于数字化转型对出口技术复杂度的影响还缺乏较系统的微观检验。企业将数字化技术应用于生产、销售、运营、管理等环节，可以改进企业内部运营流程，降低企业运营成本；有利于企业更加精准地捕捉外部环境变化并对生产和出口行为作出迅速反应，提高资源配置效率，促进产品持续优化和改进；可以借助数字技术促进显性和隐性知识或技术的共享的能力（Grant, et al., 2010）[1]，实现跨距离的知识转移和扩散，加速新产品构想和创新理念的形成（戚聿东和肖旭，2020；洪俊杰等，2022）。然而，不可忽视的是，企业

---

① Grant, G. B., et al., "Information and Communication Technology for Industrial Symbiosis", *Journal of Industrial Ecology*, Vol. 14, No. 5 (2010), pp. 740-753.

进行数字化转型必然需要大量的数字化投入，这可能会挤压企业研发创新的资源投入。同时，部分企业在转型初期缺乏经验，面临内部控制风险、政策风险等潜在不利因素，难以真正实现数字技术与制造业的有效融合，影响数字化转型对企业出口规模及出口质量提升的实际效果。因此，本书在已有研究的基础上，利用上市公司年报、国泰安 CSMAR 数据库以及中国海关进出口数据库，系统检验数字化转型对企业出口规模和出口技术复杂度的作用效果及影响机制。

关于数字化与企业对外直接投资行为，近年来学者们从不同维度进行了一系列研究。如在数字技术的影响下，跨国企业对自身的定位及国际化战略正在发生改变［巴克利等（Buckley, et al.），2015］；数字技术作为一种无形资产，是企业进行跨境并购的重要助推器（蒋殿春和唐浩丹，2021）①。联合国贸易和发展会议（简称"联合国贸发会议"，2024 年 4 月该机构更名为联合国贸易和发展）发布的《世界投资报告（2017）》指出，快速发展的数字经济，确实能为商业及创业活动提供新的机遇和进入海外市场的新渠道，并有助于企业对全球价值链的参与，对企业海外扩张的方式、跨境投资的规模和方向具有显著影响。这种经济形态不仅改变了国际生产的构造，还创新了市场进入的途径，并引入了新的治理和合作模式。联合国贸发会议有关人员表示，数字化对企业海外投资的影响包括两方面：一方面，数字化使得跨国公司全球产业链进一步深化强化，使得其不用直接在各国建立企业和分支机构，可通过数字化工具（ICT tools）达到对市场的服务；另一方面，数字化带来数字基础设施的不断完善，将加强与其他经济体，尤其是较落后的发展中国家的联系，降低交易成本，拓展企业国际化的边际，提高国际化经营效率。国外学者巴纳利耶娃和达纳拉吉（Banalieva, Dhanaraj, 2019）②的研究显示，跨境公司通过利用数字技术，能够更有效地融入国际市场的分工体系中，这进一步暗示了数字化可能减少对外直接投资的需求；同时，由

---

① 蒋殿春、唐浩丹：《数字型跨国并购：特征及驱动力》，《财贸经济》2021 年第 9 期。
② Banalieva, E. R., Dhanaraj, C., "Internalization Theory for the Digital Economy", *Journal of International Business Studies*, Vol. 50, No. 8 (2019), pp. 1372–1387.

于"IT 悖论"① 的存在,即信息技术投入的增加并未带来生产力的同比例增长,从而导致许多企业在转型过程中并未实现预期的效益。这意味着数字化转型对于许多企业而言,并未带来实质性的改变。因此,数字化转型对企业跨境投资的微观影响还有待系统检验,厘清其中的影响机制对于企业更好地抓住数字化转型的机遇,提高投资活动的效率,畅通我国外循环经济,具有重要的现实意义。

本书的政策意义在于以下三个方面:

第一,不同于以往集中于国家层面或者产业层面的研究,本书聚焦于数字化转型以及国际化的微观主体——企业本身,系统考察数字化转型对企业出口规模、出口技术复杂度及企业海外并购行为的影响及其作用机制,并得出稳健、可靠的结论。在国内外形势发生深刻变化以及全球数字经济大发展的背景下,本书的研究能够为国际化企业把握数字化转型机遇,塑造新动能、新优势,应对出口及对外直接投资等国际化进程中的多重风险提供决策参考,这对于我国企业在海外的长期、协调、平衡发展具有重要意义。

第二,关于数字化转型对企业出口规模影响的理论和实证研究,能够为企业构建国际竞争新优势,为中国出口稳增长及高质量发展提供理论支持和经验证据。研究结论表明,数字化转型通过企业创新能力渠道和全要素生产率渠道促进企业出口贸易的增长,拓展了影响企业出口的相关研究边际,为提升企业在全球贸易格局中的优势地位提供了可供参考的必要途径。

第三,关于数字化转型对企业出口技术复杂度影响的研究,一方面拓展了对出口技术复杂度影响因素的研究边际,另一方面拓展了企业数字化水平与对外贸易关系的研究边际,是对企业数字化转型与国际贸易文献的有力补充。同时,本书关注了数字化转型对出口技术复杂度的影响渠道,从理论和实证层面验证了技术创新能力和资源配置效率是企业数字化转型促进出口技术复杂度提升的重要渠道,为政府相关政策制定及对企业进行合理引导,以

---

① IT 悖论:对信息技术的持续投入增加,却并未获得生产力的同比例增加,从而导致投入和产出之间的悖论。

及企业进行微观战略决策提供了重要借鉴。

第四，目前学者们对于跨境并购影响因素的研究主要聚焦在一些传统因素，如制度质量、双边政治关系、企业自身治理水平、企业国际化经验等方面，对于数字化转型对企业跨境并购影响的关注有所缺失。本书从理论和实证层面探索了数字化转型对企业跨境并购广延边际和集约边际的影响，并探究了其中的作用机制，丰富了企业跨境并购影响因素的研究边际。相关结论有利于指导企业科学实施数字化转型规划，有的放矢地实施海外投资行为，增强国际化进程中的风险识别和应对能力，有层次地稳步走入国际市场。

第二节　研究内容及框架

一、研究内容

本书的研究主要从数字化转型对企业出口行为和跨境并购两个大的层面分别展开。在对企业出口行为的研究中，本书分别就数字化转型对企业出口规模的影响及作用机制、数字化转型对企业出口技术复杂度的影响及作用机制两个层面展开，即对出口规模和出口品质进行二维研究。跨境并购作为企业对外直接投资的重要方式之一，是企业海外组织变革的重要组成部分，较绿地投资而言，数字化转型对跨境并购行为的影响更加直接，因此本书主要研究数字化转型对企业跨境并购行为的影响。本书的主要研究内容如下：

（一）企业数字化转型的定量测度及特征事实考察

本部分研究的主要问题是如何对企业数字化转型进行定量测度，并基于稳健可靠的测度方法，对中国企业数字化转型的特征事实进行系统考察。在测度方法上，本书借鉴赵宸宇等（2021）[①]、吴非等（2021）[②] 以及陈东和

---

① 赵宸宇等：《数字化转型如何影响企业全要素生产率》，《财贸经济》2021 年第 7 期。
② 吴非等：《企业数字化转型与资本市场表现——来自股票流动性的经验证据》，《管理世界》2021 年第 7 期。

郭文光（2024）① 的做法，基于上市公司年度报表数据进行文本分析，这是目前在学术界得到较为广泛认可的测算方法。在特征事实考察方面，本书基于数字化词频、分词词频的均值变化情况，对上市公司企业 2001—2022 年数字化转型程度进行定量测度。在此基础上，基于下文研究的需要，分别对制造业企业数字化转型程度和跨境并购企业数字化转型程度进行具体的统计分析（区分企业所有制类型、企业所属行业、企业所属行业要素密集度、企业所属区域及数字化转型类型等），并进行特征事实总结。

（二）中国企业国际化行为的特征事实考察

本部分主要对企业国际化行为进行系统考察，包括企业出口行为、出口技术复杂度和企业跨境并购行为。鉴于海关企业微观数据的可得性，本书对企业出口行为的考察聚焦在 2001—2016 年；在对企业出口技术复杂度进行测算的基础上，对制造业企业出口技术复杂度进行统计描述，并基于下文研究需要，对数字化转型企业和非数字化转型企业的出口技术复杂度在样本区间内的变化趋势进行分析；聚焦企业跨境并购，对企业跨境并购的总体发展趋势及区域、行业分布特点进行分析，基于下文研究需要，对我国 A 股上市公司跨境并购的特征事实进行详细刻画。

（三）数字化转型对企业出口规模的影响

本部分主要研究数字化转型究竟如何影响企业出口规模，及其具体影响机制。近年来，我国外贸面临的不确定不稳定不平衡因素增多，外贸运行基础并不牢固，2021 年《国务院办公厅关于做好跨周期调节进一步稳外贸的意见》出台，指出要进一步扩大开放，努力保订单、稳预期，促进外贸平稳发展。出口是我国企业参与国际市场的重要方式，对我国稳外贸意义重大。以大数据、云计算等为代表的数字技术深刻改变了企业组织管理架构，并逐渐成为驱动企业出口的新引擎。本书通过合并上市公司数据和中国海关进出口数据库，对数字化转型影响企业出口规模的作用效果和作用机制

---

① 陈东、郭文光：《数字化转型如何影响劳动技能溢价——基于 A 股上市公司数据的经验研究》，《数量经济技术经济研究》2024 年第 3 期。

（全要素生产率渠道和企业创新能力渠道）进行了系统检验，并提出针对性建议。对此问题的研究，将为数字经济时代我国稳外贸提供理论支持和实证检验依据。

（四）数字化转型对企业出口技术复杂度的影响

本部分主要研究数字化转型如何影响企业出口技术复杂度，及其具体影响机制。当前国内外经济环境发生深刻变化，我国出口企业一方面面临原材料价格上涨、劳动力成本上升等困境，依靠过去价格竞争取胜的经营策略已难以维持企业在海外市场的竞争力；另一方面依然面临自主创新能力较弱、关键核心技术"卡脖子"的低端困境，因此中国出口企业亟须实现由数量增长型向技术、质量提升型的转变，这也是我国迈向贸易强国的必由之路。《国务院办公厅关于推动外贸稳规模优结构的意见》中提到，推动外贸稳规模、优结构，对稳增长稳就业、构建新发展格局、推动高质量发展具有重要支撑作用。本部分从理论层面分析企业数字化转型如何影响企业出口技术复杂度的基础上，基于上市公司数据库和中国海关数据库，对数字化转型影响企业出口技术复杂度的作用效果及影响渠道（技术创新能力渠道和资源配置效率渠道），进行系统的实证检验，并提出相应的对策建议。本部分的研究对于数字经济蓬勃发展背景下，企业通过数字化转型抓住新机遇、打造新动能、获取新优势，实现出口提质升级具有重要的现实意义。

（五）数字化转型对中国企业跨境并购行为的影响

本部分主要研究数字化转型如何影响企业的跨境并购行为，及其具体影响机制。跨境并购是经济发展的重要推动力之一，对企业国际化具有重要意义。近年来，受世界经济增长乏力、地缘政治等一系列因素的影响，企业"走出去"的形势仍非常严峻，仍有较多的国际国内因素制约企业进一步"走"的质量，影响企业"出"的效果。在企业快速向数字化转型发展的背景下，研究数字化转型对企业跨境并购的影响，不仅可以帮助企业提高并购过程中的信息获取、分析和管理能力，提高中国企业跨境并购的效率与质量，还可以增强企业的风险识别和应对能力，从而降低并购风险数字化转型可以帮助企业更好地应对跨境并购带来的挑战和机遇。因此，本书基于上市公司数据，从企业跨境并购的广延边际和集约边际两个维度出发，从理论和实证两个层面，深入分析数字化转型对企业跨境并购行为的影响，并进一步阐述全要素生产率和企业创新能力在数字化转型与跨境并购之间的作用机制。这为拓展数字化转型对企业对外直接投资影响的相关研究提供了更为丰富的视角和内容，同时也为指导企业科学实施数字化转型、合理规划"走出去"行为提供了经验支持。

二、研究框架

绪论主要介绍本书的选题背景和选题意义，阐述研究的主要内容，以及本研究的创新之处。第一章是国内外相关文献综述。这一部分围绕数字化转型、数字化转型对出口及出口技术复杂度的影响、数字化转型对企业对外直接投资及跨境并购的影响，进行文献回顾和总结评述。第二章是对企业数字化转型的测度及中国企业数字化转型特征事实的系统分析。第三章是对我国企业国际化行为的综合考察，分别从企业微观出口行为、企业出口技术复杂度对出口的微观特征进行刻画，从跨境并购的总体发展趋势及区域、产业等分布特征对企业"走出去"行为进行刻画，以期对我国企业国际化行为进行一个详细直观的展示。在以上文献研究和特征事实分析的基础上，展开第四章、第五章和第六章的理论和实证研究。第四章探究数字化转型对我国企业出口的微观影响及作用机制。第五章考察数字化转型对我国企业出口技术复杂度的微观影响及其作用机制。第六章探讨数字化转型对我国企业跨境并购的微观影响及其作用机制。第七章总结全文，论述本研究的研究结论和政策启示。

第三节　创新之处

在对文献进行系统梳理，明确了本书的研究内容及意义之后，总结本书的创新之处如下：

一、研究视角的创新

企业是一切经济关系的载体，是数字化转型与国际化行为深度融合的微观承载者。因此，本书聚焦实施数字化转型和国际化行为的微观主体，即企业本身。在对企业数字化转型程度进行多维度精确测度的基础上，本书运用系统性思维，对数字化转型对企业国际化行为的影响进行了系统的理论分析和实证检验。具体而言，包括对企业出口数量和质量的二维影响、对企业跨境并购广延边际和集约边际的影响。对此问题的系统研究，丰富和拓展了数字化转型经济效应和影响机制的研究框架，为全面、深入理解数字化转型和数字经济红利提供了新的思路和视角，为企业把握数字化转型机遇、有的放矢地进入国际市场提供了理论支持和对策参考。

二、研究内容的创新

数字化转型是企业高质量发展的重要引擎，是数字经济时代我国企业参与国际大循环的有力抓手。探究数字化转型对企业国际化行为的影响机制和经济效应，对于揭示以数字技术为代表的新质生产力在推动国际分工深化，畅通国际大循环中的作用具有重要意义。本书以《中共中央关于制定国民经济和社会发展第十四个五年规划和二〇三五年远景目标的建议》中关于推动企业数字化转型发展为研究方向，紧密联系当前全球经济疲软、各大主要经济体直接贸易投资紧张局势以及地缘政治不确定性加剧的现实背景，系统探讨数字化转型对企业国际化行为的影响，并得到丰富、稳健的结论，为企业数字化转型与国际化行为建立了更为全面、系统的联系，为研究结果的实际应用提供了多维视角。

具体而言，在企业出口层面，本书通过匹配中国海关进出口数据库及上市公司数据库，构造制造业出口企业数字化转型的微观样本，丰富了学术界对企业数字化转型贸易效应的研究以及数字经济时代企业出口技术复杂度影响因素的相关研究，并探究了数字化转型影响企业出口规模和出口技术复杂度的具体渠道，为我国出口"提质增效"提供了经验证据。

在企业"走出去"层面，目前研究数字化转型对我国对外直接投资影响的研究相对较少，而且尚未得出一致的结论，而对于数字化转型如何影响企业跨境并购的研究更是稀缺，其影响机制也尚未得到充分探讨。相较于绿地投资，数字化转型对企业跨境并购的影响更加直接，值得专门研究。鉴于此，本书借助上市公司数据，构造独有的样本，从广延边际和集约边际两个维度，深入分析数字化转型对企业跨境并购的影响，并证实了数字化转型可以通过企业全要素生产率和企业创新能力两个渠道对跨境并购决策产生积极影响。边际贡献主要表现在：第一，这进一步丰富了对外直接投资驱动因素理论，为数字经济时代企业数字化转型推动其开展国际化经营提供了新的理论解读；第二，拓展了企业数字化水平与企业"走出去"行为之间关系的研究边际，既是对企业数字化转型经济效应的重要补充，也是对企业数字化转型与对外直接投资，尤其是跨境并购文献的有力补充，为数字经济时代企业进行战略决策和政府制定相关政策提供了经验证据。

第 一 章

数字化转型对企业国际化行为
影响的相关文献综述

围绕着本书数字化转型对企业国际化行为的影响这一主题，本章将梳理相关文献，并进行文献评述。与本书相关的文献主要包括以下四个方面：一是关于数字化转型的内涵、测算和经济效应的相关文献；二是数字化转型与企业出口的相关文献；三是数字化转型与企业出口技术复杂度的相关文献；四是数字化转型与企业跨境并购的相关文献。因此，本章分四节，分别对上述四个方面的文献进行梳理。

第一节　数字化转型的相关研究综述

一、数字化转型的内涵

关于数字化转型的探讨，起源于学者们对"数字化生存"及"数字经济"的相关研究。"数字化生存"（being digital）一词最初是由美国学者尼葛洛庞帝（Negroponte）在其1996年出版的《数字化生存》一书中提出的，该书深入浅出地讲解了信息技术的基本概念、趋势和应用及巨大的价值，描述了数字时代的宏伟蓝图，阐明了信息技术、互联网对时代和人们生活的影响。"数字经济"一词因美国学者唐·泰普斯科特（Don Tapscott）1996年出版的《数字经济：网络智能时代的前景与风险》（*The Digital Economy: Promise and Peril in the Age of Networked Intelligence*）一书而开始受到关注，该书并未对"数字经济"给出确切定义，而是用它来泛指互联网技术出现之后所出现的各种新型经济关系。在 2000 年之前，人们对数字经济的认识主要围绕着互联网技术展开，强调由其带来的电子商务和电子业务；而在 2000 年之后，随着 ICT 产业的迅猛发展，一大批新的数字技术纷纷涌现，并开始对经济发展产生重大影响。与之对应，"数字经济"的概念也一再扩展，试图将更多新技术的影响也包含进来。因此，"数字经济"的概念并不是一成不变的，而是随着数字技术的演进不断拓展。

从国内来看，2016 年 G20 杭州峰会发布的《二十国集团数字经济发展与合作倡议》提出：数字经济是以使用数字化的知识和信息作为关键生产要素、以现代信息网络作为重要载体、以信息通信技术的有效使用作为效率提升和经济结构优化的重要推动力的一系列经济活动。自此，"数字经济"开始在国内得到广泛关注。2017 年政府工作报告明确提出了"数字经济"的概念，2018 年，国家相关部门公开表示将强化对"数字经济"领域的战略规划，自此，数字经济在国内的影响力与日俱增，逐步成为政策关注的核心领域。

具体到数字化转型，近年来已成为学者们研究的热点话题，但目前学术界尚未形成统一的定义。国外对于数字化转型的研究要更早、更活跃一些。特别是美国，对数字化企业的研究一直持续发展。2011 年，IT 研究与顾问咨询公司高德纳（Gartner）将"数字化转型"定义为运用数字科技构建强大新型数字商务模式的一个过程。2012 年，国际商业机器公司（IBM）强调了应用数字技术重塑客户价值主张和增强客户交互与协作。之后，国外学者分别从技术的视角和组织变革的视角，对数字化转型进行定义。基于技术视角，艾哈迈德（Ahmed，2016）认为数字化转型是企业在生产、销售等流程中使用数字化产品、终端、系统等应用的新发展；安吉利基等（Angeliki, et al.，2017）则指出数字化转型是企业在生产制造环节中使用信息技术；伊洛纳等（Ilvonen, et al.，2018）[①] 提出数字化转型是指将云计算、区块

---

① Ilvonen, I., et al., "Reconciling Digital Transformation and Knowledge Protection: A Research Agenda", *Knowledge Management Research & Practice*, Vol. 16, No. 2 (2018), pp. 235-244.

链、大数据和人工智能等新兴的数字技术应用到企业的实际经营中，从而加速对企业生产经营方式的改革；默格尔等（Mergel，et al.，2019）则认为数字化转型可以整合企业线上和线下的产品及服务，借助数字技术增加市场需求，促进企业资源共享，从而降低企业成本，使企业共同发展。基于组织变革的角度，刘等（Liu，et al.，2012）① 认为数字化转型是企业行业将数字技术与业务管理流程相结合，通过数字技术改善企业的生产元素和环节，进而促进企业业务流程和生产方式改革的过程；伯曼（Berman，2012）② 从行业经验和研究中发现，成功的数字化转型需要企业重新定义客户价值主张和运营模式，在数字化环境中不断提升自己的竞争优势；赫斯等（Hess，et al.，2016）③ 提出数字化转型使用的数字技术可能改变企业的商业模式，引致产品或者组织结构改变或者过程自动化；维亚尔（Vial，2021）④ 指出数字化转型是通过信息、计算、通信和连接技术组合，触发实体属性的重大变化，企业可以通过新一代信息工具有效改善工作效率并提高团队工作业绩。

而国内对于数字化转型的研究相对国外研究较晚，但近年来引起党和国家政府的高度关注。"数字经济" 2017 年首次出现在政府工作报告中，标志着数字经济上升为国家战略；2019—2022 年更是连续四年写入政府工作报告，相继提出"壮大数字经济""打造数字经济新优势""加快数字化发展，建设数字中国""促进数字经济发展，加强数字中国建设整体布局"。

国务院国有资产监督管理委员会网站上关于"国有企业数字化转型"专题给出了数字化转型定义，是指顺应新一轮科技革命和产业变革趋势，不断深入应用云计算、大数据、物联网、人工智能、区块链等新一代信息技术，激发数据要素创新驱动潜能，打造提升信息时代生存和发展能力，加速

---

① Liu, D. Y., et al., "Resource Fit in Digital Transformation", *Management Decision*, 2012, Vol. 49, No. 10 (2012), pp. 1728-1742.

② Berman, S. J., "Digital Transformation: Opportunities to Create New Business Models", *Strategy & Leadership*, Vol. 40, No. 2 (2012), pp. 16-24.

③ Hess, T., et al., "Options for Formulating a Digital Transformation Strategy", *MIS Quarterly Executive*, Vol. 15, No. 2 (2016), pp. 123-139.

④ Vial, G., "Understanding Digital Transformation: A Review and A Research Agenda", *Managing Digital Transformation*. Routledge, 2021.

业务优化升级和创新转型，改造提升传统功能，培育发展新动能，创造、传递并获取新价值，实现转型升级和创新发展的过程。①

2018 年国务院发展研究中心与戴尔（中国）有限公司联合发布研究报告《传统产业数字化转型的模式和路径》②，报告显示，数字化转型指的是"利用新一代信息技术，构建数据的采集、传输、存储、处理和反馈的闭环，打通不同层级和不同行业间的数据壁垒，提高行业整体的运行效率，构建全新的数字经济体系"。同时，针对中国传统产业的行业数字化特点和不同发展阶段，该报告提出了数字化转型"四步走"的路径，即第一阶段（2018—2020 年）开展数字化转型试点，第二阶段（2021—2025 年）推进中小企业进行数字化转型，第三阶段（2026—2030 年）实施企业内到行业的集成，并于第四阶段（2031—2035 年）最终实现完整的生态系统的构建。

2020 年，国家发展改革委提出，要深入推进传统产业数字化转型，加快数字技术与实体经济深度融合。要全面深化大中小企业数字化改造升级，鼓励企业打造一体化数字平台，提升企业内部和产业链上下游协同效率。③

2021 年，《中华人民共和国国民经济和社会发展第十四个五年规划和 2035 年远景目标纲要》提出，迎接数字时代，激活数据要素潜能，推进网络强国建设，加快建设数字经济、数字社会、数字政府，以数字化转型整体驱动生产方式、生活方式和治理方式变革。

2021 年中国电子技术标准化研究院发布的《企业数字化转型白皮书》指出，数字化转型是传统行业进行改革应用数字技术的关键步骤。2024 年国家互联网信息办公室发布的《数字中国发展报告（2023 年）》显示，制造业数字化转型持续深化，中小企业数字化转型步伐加快。2023 年，我国

---

① 资料来源：http：//www. sasac. gov. cn/n4470048/n13461446/n15927611/n16058233/c16135120/content. html。

② 报告原文：https：//www. yjbzr. com/uploads/20201216/0316a4cf2b80fcfd96ee335238a8fc0a. pdf。

③ 资料来源：https：//www. ndrc. gov. cn/fzggw/wld/hlf/lddt/202201/t20220116_ 1312074. html。

关键工序数控化率和数字化研发设计工具普及率分别达到 62.2% 和 79.6%，较 2019 年分别提高了 12.1 个和 9.4 个百分点。

二、数字化转型的测算

近年来，学者们开始对企业数字化转型进行量化分析。由于数字化转型程度较难衡量，相关数据较为缺乏，难以统计和获取，目前处于早期探索阶段，学术界对微观层面的企业数字化转型水平的测算尚未形成统一的标准。

对于如何精准刻画微观企业的数字化转型程度，已有研究为本书提供了多种不同测算方法上的参考。总体而言，常用的测度方法主要有三种：第一，通过访谈法或者问卷调查法，对部分代表性企业的数字化转型程度进行量化分析。如周青等（2020）[①] 通过收集数据，测算了区域层面的数字化转型水平；赫斯（Hess，2016）[②] 则通过向企业领导者进行数字化转型问卷调查，从而测得数字化转型程度；何小钢等（2019）[③] 采用问卷调查方式，统计企业信息技术人员占比衡量企业数字化应用程度；刘淑春等（2021）[④] 通过对全国第一个信息化与工业化深度融合国家示范区内连续五年推行数字化管理的企业进行追踪调查，测度了企业数字化投入产出效率。这类方法可以比较直接地获取调查对象的数字化转型程度，但样本量较为有限，而且容易受到被调查对象主观认知的影响，难以反映企业数字化转型的整体水平。第二，借助企业财务报告评估数字化转型程度。如祁怀锦等（2020）[⑤]、王宇等（2020）[⑥] 采用企

---

① 周青等：《数字化水平对创新绩效影响的实证研究——基于浙江省 73 个县（区、市）的面板数据》，《科研管理》2020 年第 7 期。

② Hess, T., et al., "Options for Formulating a Digital Transformation Strategy", *MIS Quarterly Executive*, Vol. 15, No. 2 (2016), pp. 123-139.

③ 何小钢等：《信息技术、劳动力结构与企业生产率——破解"信息技术生产率悖论"之谜》，《管理世界》2019 年第 9 期。

④ 刘淑春：《企业管理数字化变革能提升投入产出效率吗》，《管理世界》2021 年第 5 期。

⑤ 祁怀锦等：《数字经济对公司治理的影响——基于信息不对称和管理者非理性行为视角》，《改革》2020 年第 4 期。

⑥ 王宇等：《R&D 投入对 IT 投资的协同效应研究——基于一个内部组织特征的情境视角》，《管理世界》2020 年第 7 期。

业具有数字化属性的无形资产投资占比衡量数字化转型。这类指标虽然相对直观，但企业无形资产投资水平并不一定能直接反映其实际应用水平；而且数字化转型作为当前企业高质量发展的重大战略变革，在企业财务指标中的体现往往较为有限，更容易完整披露在具有总结性的企业年报中。第三，文本分析法。随着文本大数据在经济学领域的广泛应用，基于企业年报的文本分析法被广泛采用，其中尤以文本分析统计数字化特征词频衡量企业数字化转型更具代表性（赵宸宇等，2021①；吴非等，2021②；袁淳等，2021③；李雪松等，2022④）。此类方法主要是借助 Python 对上市公司年度报告中关于"数字化转型"的关键词进行文本提取分析，直接使用数字化转型相关词频来测度数字化转型程度或者通过熵值法确定各词频权重，进而得到企业的数字化转型指数。这类方法对数字化特征关键词的选取相对客观，覆盖面广，能够对上市公司的数字化转型程度进行较为精确的"画像"。较新的文献是陈东和郭文光（2024）⑤，在借鉴吴非等（2021）、袁淳等（2021）测度方法的基础上，从人工智能技术、云计算技术、区块链技术、大数据技术和数字技术应用五个方面整理出数字化转型特征词库，并借助 Python 功能将筛选整理出的数字化转型特征词库扩充到中文分词库，进而运用文本分析方法对上市公司年报中"管理层讨论与分析"（简称 MD&A）部分进行分词处理，统计数字化转型关键词出现的词频，进而采用数字化转型相关词汇频数总和除以 MD&A 语段长度乘 100 衡量企业的数字化转型程度。

---

① 赵宸宇等：《数字化转型如何影响企业全要素生产率》，《财贸经济》2021 年第 7 期。

② 吴非等：《企业数字化转型与资本市场表现——来自股票流动性的经验证据》，《管理世界》2021 年第 7 期。

③ 袁淳等：《数字化转型与企业分工：专业化还是纵向一体化》，《中国工业经济》2021 年第 9 期。

④ 李雪松等：《数字化转型、融入全球创新网络与创新绩效》，《中国工业经济》2022 年第 10 期。

⑤ 陈东、郭文光：《数字化转型如何影响劳动技能溢价——基于 A 股上市公司数据的经验研究》，《数量经济技术经济研究》2024 年第 3 期。

三、数字化转型的经济效应

数字化转型对企业的经济效应主要体现在数字化转型对企业生产运营优化、企业创新能力提升、企业内部治理和企业国际化发展的影响四个方面。

首先，在企业生产运营优化方面，学者们普遍认为数字化转型能够提高信息获取效率，缓解企业融资约束，降低交易成本。数字化转型能够促进数据高效流动，提升企业获取信息的动态能力［卡里米和瓦尔特（Karimi，Walter），2015］，提高资源配置效率，在投入一产出层面强化创新动能（吴非等，2021）；数字化转型能够减少信息不对称（裴长洪等，2018）[1]、增强企业盈利能力，从而降低企业债务成本和融资成本（陈中飞等，2022）[2]；数字化转型能够通过优化人力资本结构、降低交易成本、促进先进制造业与现代服务业融合发展等方式提高企业生产率［赵宸宇等，2021；卢里达斯和埃伯特（Louridas，Ebert），2016］[3]；数字化转型通过降低交易成本、提高全要素生产率和缓解融资约束来提高企业市场势力（王荣基等，2022）[4]，实现主营业务增长。

其次，在企业创新能力提升方面，数字化转型不仅可以通过驱动企业技术创新，赋能传统行业，而且能够改变企业的创新模式和创新体系（赵宸宇等，2021）[5]。数字化转型可以促进企业实现新一代信息技术与产业技术的融合和创新，开发和应用大数据、云计算、物联网等新技术，实现传统制造向智能制造转型（李海舰等，2014）[6]，帮助企业推出新产品、新服务

---

① 裴长洪等：《数字经济的政治经济学分析》，《财贸经济》2018 年第 9 期。
② 陈中飞等：《数字化转型能缓解企业"融资贵"吗》，《经济学动态》2022 年第 8 期。
③ Louridas, P., Ebert, C., "Machine Learning", *IEEE Software*, Vol. 33, No. 5 (2016), pp. 110-115.
④ 王荣基等：《数字化转型与企业市场势力——理论机制与经验识别》，《现代管理科学》2022 年第 6 期。
⑤ 赵宸宇等：《数字化转型如何影响企业全要素生产率》，《财贸经济》2021 年第 7 期。
⑥ 李海舰等：《互联网思维与传统企业再造》，《中国工业经济》2014 年第 10 期。

（易靖韬和王悦昊，2021）①；制造业与数字技术深度融合将催生出网络化协同创造新模式（安筱鹏，2019）②，推动产业协同创新（张树含和李晓翔，2023）③，实现企业内部研发设计和供应链管理协同；数字化过程中企业与客户、供应商等外部关联主体之间的信息交互频率提高，有利于企业开发、改进和优化新产品、新工艺、新服务，提高企业创新效率（裴璇等，2023）④；互联网化可以帮助企业更好地实现创新保护（沈国兵和袁征宇，2020）⑤；企业数字化转型可以促使企业融入全球创新网络，提升创新绩效（李雪松等，2022）⑥；数字化转型是企业创新绩效提升的关键必要条件（池毛毛等，2022）⑦。

再次，在企业内部治理方面，数字经济将推动企业目标转变、治理创新模式和内部管理模式的变革（戚聿东和肖旭，2020）；有利于改善信息不对称，强化企业内部控制和财务稳定（车德欣等，2021）⑧；数字化转型可以通过创新驱动、资源支持、文化塑造和内部治理四条路径培育企业的多维核心竞争力，提升企业可持续发展能力（徐怀宁和董必荣，2023）⑨；数字化转型通过提高内部控制水平，显著提升企业产能利用率（韩国高等，2022）⑩；

---

①　易靖韬、王悦昊：《数字化转型对企业出口的影响研究》，《中国软科学》2021 年第 3 期。

②　安筱鹏：《重构：数字化转型的逻辑》，电子工业出版社 2019 年版。

③　张树含、李晓翔：《数字化转型对企业融通创新的影响研究——基于边界视角的作用机制分析》，《软科学》2023 年第 12 期。

④　裴璇等：《企业数字化转型：驱动因素、经济效应与策略选择》，《改革》2023 年第 5 期。

⑤　沈国兵、袁征宇：《互联网化、创新保护与中国企业出口产品质量提升》，《世界经济》2020 年第 11 期。

⑥　李雪松等：《数字化转型、融入全球创新网络与创新绩效》，《中国工业经济》2022 年第 10 期。

⑦　池毛毛等：《数字化转型背景下企业创新绩效的影响机制研究——基于 NCA 与 SEM 的混合方法》，《科学学研究》2022 年第 2 期。

⑧　车德欣等：《企业数字化转型对融资成本的影响与机制研究》，《金融监管研究》2021 年第 12 期。

⑨　徐怀宁、董必荣：《数字化转型如何推动企业可持续发展——基于企业核心竞争力塑造的视角》，《当代经济管理》2023 年第 7 期。

⑩　韩国高等：《数字化转型与企业产能利用率——来自中国制造企业的经验发现》，《财经研究》2022 年第 9 期。

数字化转型通过促进企业绿色产品创新、绿色工艺创新和绿色管理创新的途径提高企业可持续发展绩效水平（王博和康琦，2023）[①]；产业数字化转型将加快产业链、价值链、供应链、创新链等融合发展，优化产业生态，推动产业组织创新（余东华和李云汉，2021）[②]；企业数字化转型通过促进企业绿色技术创新、提升企业内部信息透明度、提高企业决策和运营管理效率等渠道将企业 ESG 外部性内部化，促进企业 ESG 表现（胡洁等，2023）[③]。

最后，在企业国际化发展的影响方面，目前学者们的研究主要聚焦在数字化转型对企业进出口贸易、对外直接投资和国际化经营管理等方面的影响。在企业出口层面，学者们认为，数字化将重塑企业国际市场新优势，提升企业产品或服务的出口价值量，增强企业国际化意愿（裴璇等，2023）[④]；企业数字化转型带来的信息技术应用，可以有效减少企业的信息搜寻成本，推动出口增长［刘和纳特（Liu，Nath），2013］；信息化时代，企业有效信息披露将通过融资和质量渠道提高企业出口绩效（金祥义和戴金平，2019）；数字化显著促进了企业出口规模扩张（杜明威等，2022a）；数字化转型将显著降低企业出口退出风险，提高出口稳定性（范黎波等，2022）；数字化转型可以通过促进出口多样化和提升出口产品质量增强企业出口韧性（魏昀妍等，2022）；通过提高企业创新、企业管理效率和人力资本水平等渠道，显著提高产品质量（洪俊杰等，2022；杜明威等，2022b；祝树金等，2023[⑤]；李俊久和张朝帅，2023）；通过生产效率提升、成本降低效应以及供应链集中度提升效应这三条渠道，显著提高企业出口竞争力（孟夏和董文婷，2022）；制造业数字化投入将通过成本节约效应、资源配置优化效应、创新能力和人力资本提升效应，实现出口贸易优化（陈凤兰等，2022）。在

---

① 王博、康琦：《数字化转型与企业可持续发展绩效》，《经济管理》2023 年第 6 期。
② 余东华、李云汉：《数字经济时代的产业组织创新——以数字技术驱动的产业链群生态体系为例》，《改革》2021 年第 7 期。
③ 胡洁等：《企业数字化转型如何影响企业 ESG 表现——来自中国上市公司的证据》，《产业经济评论》2023 年第 1 期。
④ 裴璇等：《企业数字化转型：驱动因素、经济效应与策略选择》，《改革》2023 年第 5 期。
⑤ 祝树金等：《数字化转型能提升企业出口产品质量吗》，《经济学动态》2023 年第 11 期。

企业进口层面，岳云嵩等（2017）研究表明互联网显著促进了企业进口可能和进口额的提升；胡馨月等（2021）研究表明，采用互联网技术可以显著促进企业进口质量提升；谷均怡等（2023）基于制造业上市公司样本，研究发现数字化转型通过降低外部交易成本、推动企业生产技术升级和生产规模扩张三个途径来促进企业进口规模扩张。在对外直接投资方面，一方面，部分学者肯定了数字化转型对企业对外直接投资的促进作用。蒋殿春和唐浩丹（2021）认为数字技术作为一种无形资产，是企业进行跨境并购的重要助推器；胡杨等（2023）研究表明，企业数字化转型有效促进了对外直接投资（OFDI）增长，其影响途径为提升企业生产率和增强企业创新能力；张宝友等（2023）基于沪深服务业 A 股上市公司样本的研究表明服务业企业数字化转型具有显著的对外直接投资促进效应；阙澄宇等（2023）[①]研究表明，企业数字化转型能促进对外直接投资二元边际，主要影响路径为提高企业人力资本水平、提升企业监管效率和缓解企业融资约束；王如萍和张焕明（2023）研究发现，数字化转型对企业对外直接投资规模具有显著的正向影响；隋小宁等（2024）研究表明，数字化转型对企业对外直接投资决策和规模均具有积极影响，主要通过提高企业全要素生产率、降低企业经营成本和特质风险，提高企业的对外直接投资决策；衣长军和赵晓阳（2024）研究表明，数字化转型显著提升了跨国企业的海外投资效率，其作用渠道为抑制管理层短视、提高企业风险承担水平和降低代理成本三个方面。另一方面，部分学者认为数字化转型将对企业对外直接投资产生抑制作用。如国外学者巴纳利耶娃和达纳拉吉（Banalieva，Dhanaraj，2019）、安特拉斯（Antràs，2020）[②] 的研究表明，数字化转型带来的信息通信技术进步将大幅度降低企业的贸易成本，扩展可贸易品的范围，这种贸易替代效应可能会减少企业的对外直接需求。同时，由于"IT 悖论"的存在，信息技术

---

① 阙澄宇等：《企业数字化转型如何影响对外直接投资二元边际？》，《财经问题研究》2023 年第 12 期。

② Antràs，P.，"Conceptual Aspects of Global Value Chains"，*World Bank Economic Review*，Vol. 34，No. 3（2020），pp. 551-574.

投入的增加并未带来生产力的同比例增长，部分企业在数字化转型过程中投入了大量成本，却并未实现预期的效益［豪伊利等（Hajli, et al.），2015；埃卡塔（Ekata），2012］，因而对其海外经营行为并未产生积极影响。在企业国际化经营管理方面，赵婷婷等（2021）认为，数据资本赋能企业将打通产业链和供应链各环节之间的信息堵点，缩短信息距离，降低企业参与国际分工的交易成本，提高企业外循环水平；黄华灵（2022）认为数字技术的应用，为小规模企业参与全球价值链提供了机遇，有利于提升其在全球价值链中的地位；王墨林等（2022）① 认为数字化转型能够提高企业对国际市场的感知能力和应对能力，有利于帮助企业开拓国际市场，提高国际化广度；詹晓宁在第一财经记者的采访中表示，数字经济通过基础设施建设，加强了世界各国特别是与发展中国家的偏远地区的连接，使得海外经营不断扩大，地区经营也会不断分化②；林川（2023）研究发现，数字化转型通过增加技术创新投入促进了企业的国际化经营，且数字化转型程度较高的企业比数字化转型程度较低的企业进行国际化经营的概率更高。

四、文献评述

数字经济时代，随着企业数字化变革的推进，近年来，企业的数字化行为得到了学者的广泛关注。当前，学者们对数字化转型的内涵、测度方法及其经济效应进行了大量研究，取得了较多成果，但依然存在进一步研究的空间。

第一，虽然数字经济的概念很早就被提出，众多学者也对它作了丰富的研究，但大多数研究集中在宏观层面。企业数字化转型是数字经济时代企业面临的重大战略变革，作为数字化转型的主体，企业数字化转型的基本特征事实及其经济效应应该得到更多深入的关注和研究。当前我国企业的数字化转型仍在初级探索阶段，未来存在较大的发展空间，对企业数字化转型进行研究对我国宏观经济发展以及企业微观行为都具有深远而重大的意义。

---

① 王墨林等：《数字化转型对企业国际化广度的影响研究：动态能力的中介作用》，《外国经济与管理》2022 年第 5 期。
② 资料来源：《第一财经日报》2017 年 6 月 14 日。

第二，当前有关企业数字化转型的实证研究中，对于企业数字化转型的衡量方式还未达到统一，其中不少研究在对于数字化转型程度的衡量中，直接采取数字技术投入这一指标，或者直接把"数字化"和"信息化"画等号，但是数字化转型则包含更多层面上的内容。近年来，学者们考虑到这种局限性，通过文本分析法来测度数字化转型，为深入研究企业数字化转型的相关问题提供了良好的基础。

第三，关于企业数字化转型的经济效应，尽管学者们从不同的维度进行了研究，但是部分层面的研究还不够深入具体，例如聚焦数字化转型和国际化的主体——微观企业，对数字化转型如何影响企业出口技术复杂度的理论和实证研究还较为缺乏；对企业国际化布局尤其是对外直接投资的影响还较少，更是鲜有专门聚焦数字化转型对企业跨境并购影响的相关研究。

第二节　数字化转型与企业出口的相关文献综述

出口是企业进入国际市场、开启国际化经营的起点，数字化转型对企业出口经营行为的影响值得关注。本节分别从企业出口的影响因素及数字化转型如何影响企业出口两个层面，对相关文献进行系统梳理，并进行文献评述。

一、企业出口影响因素的相关研究综述

影响企业出口因素的研究众多，本书将其分为企业内部影响因素和企业外部影响因素进行分类梳理。从企业内部影响因素来看，最具影响力的文献是关于生产率对企业出口的影响，理论层面上，梅利茨（Melitz，2003）[1]建立了异质企业动态产业模型，以一般均衡框架下的垄断竞争动态产业模型为基础，并扩展了克鲁格曼（Krugman，1980）[2] 的贸易模型，引入了不同

---

[1] Melitz, M. J.,"The Impact of Trade on Intra-industry Reallocations and Aggregate Industry Productivity", *Econometrica*, Vol. 71, No. 6 (2003), pp. 1695-1725.

[2] Krugman, P.,"Scale Economies, Product Differentiation, and the Pattern of Trade", *American Economic Review*, Vol. 70, No. 5 (1980), pp. 950-959.

企业生产率差异。研究表明，由于企业进入出口市场需要支付比进入国内市场更高的固定进入成本和贸易成本，决定了仅有高生产率企业会自动选择进入出口市场，而生产率较低的企业只能继续为本土市场生产甚至退出市场，称为企业的"自我选择"效应。之后，学者们基于该理论模型对中国企业的出口行为进行了一系列实证检验。如唐宜红和林发勤（2009）[①]、张杰等（2009）[②]、易靖韬（2009）[③]、易靖韬和傅佳莎（2011）[④]、钱学锋等（2011）[⑤]、赵伟等（2011）[⑥]、邱斌等（2012a）[⑦] 等研究均验证了企业"自我选择"效应的存在。张体俊等（2022）[⑧] 研究发现，企业全要素生产率的提高会显著促进企业出口二元边际与出口产品质量，且随着全要素生产率的提高，企业退出出口市场的风险降低，企业管理能力对企业存续时间的提升效应增强。亦有学者从其他维度对影响企业出口的因素进行分析，如王金波和王佳（2023）[⑨] 研究发现，企业出口质量攀升可以促进企业出口规模的扩大，提升企业的出口竞争力；廖家友（2022）[⑩] 研究发现，高级生产要素和企业战略可以显著影响企业出口规模，企业出口持续时间也会对企业出口规

① 唐宜红、林发勤：《异质性企业贸易模型对中国企业出口的适用性检验》，《南开经济研究》2009 年第 6 期。

② 张杰等：《出口促进中国企业生产率提高吗？——来自中国本土制造业企业的经验证据：1999~2003》，《管理世界》2009 年第 12 期。

③ 易靖韬：《企业异质性、市场进入成本、技术溢出效应与出口参与决定》，《经济研究》2009 年第 9 期。

④ 易靖韬、傅佳莎：《企业生产率与出口：浙江省企业层面的证据》，《世界经济》2011 年第 5 期。

⑤ 唐宜红、林发勤：《异质性企业贸易模型对中国企业出口的适用性检验》，《南开经济研究》2009 年第 6 期。

⑥ 赵伟等：《企业出口决策："被迫"还是"自选择"——浙江与广东的经验比较》，《当代经济科学》2011 年第 1 期。

⑦ 邱斌等：《出口学习抑或自选择：基于中国制造业微观企业的倍差匹配检验》，《世界经济》2012 年第 4 期。

⑧ 张体俊等：《企业管理能力、全要素生产率与企业出口——基于中国制造业微观企业证据》，《国际贸易问题》2022 年第 5 期。

⑨ 王金波、王佳：《数字经济赋能制造业出口竞争力：基于出口质量攀升的视角》，《武汉金融》2023 年第 1 期。

⑩ 廖家友：《旅游服务贸易出口竞争力及影响因素研究——以西北四省（区）为例》，硕士学位论文，北方民族大学，2022 年。

模产生影响；马杜尚卡等（Madushanka，et al.，2021）[1] 采用结构化调查表进行分析，结果表明，企业72.6%的出口参与度可以用财政能力、管理能力和政府政策来解释；施塔登（Staden，2022）[2] 进一步研究发现，管理经验被确定为影响出口倾向的最显著因素。

从外部影响因素来看，安岗和张康（2022）研究发现，内需增长与企业出口呈正相关关系，要素价格扭曲与企业出口呈负相关关系，外国直接投资程度会对企业出口产生显著影响；周健和曹守新（2022）研究表明人民币升值、反规避调查对企业出口贸易会产生负向影响，而人均国民收入、洲际定向出口额占比对中国出口贸易存在显著的正向影响。吕晓琪（2024）利用2007—2016年海关进出口数据库、上市公司数据库进行系统分析，研究结果显示，绿色金融能够正向影响我国企业出口韧性，且该效应的大小在所处区域、行业、城市等层面存在差异性；徐阳等（2024）[3] 研究表明知识产权保护能促进当地的研发投入和人力资本投入，从而促进企业出口产品质量提升，且在非国有企业、沿海城市和资源加工企业更加显著；阿扎姆等（Azam，et al.，2023）采用巴基斯坦410家中小企业样本进行分析，结果表明无论是基于技术的创新还是基于市场的创新，都对中小企业的出口绩效产生正向影响。

二、数字化转型对企业出口影响的相关研究综述

一方面，现有研究从互联网化、数字平台经济等数字技术赋能的角度分析企业数字化转型对出口贸易的影响。基于互联网化视角，已有研究表明互

---

[1]　Madushanka，H.，Sachit，V.，"Factors Influencing on Export Engagement of Small and Medium-Sized Enterprises in Sri Lanka：Resource Based View"，*South Asian Journal of Social Studies and Economics*，Vol. 9，No. 3（2021），pp. 39–49.

[2]　Staden，L. J.，"The Influence of Certain Factors on South African Small and Medium-sized Enterprises Towards Export Propensity"，*Development Southern Africa*，Vol. 39，No. 3（2022），pp. 457–469.

[3]　徐阳等：《知识产权保护对企业出口产品质量影响研究》，《宏观经济研究》2024年第2期。

联网作为通用技术能够有效延长出口持续时间（赵瑞丽等，2021）①、促进出口贸易的增长（沈国兵和袁征宇，2020）②、改变企业出口模式（刘海洋等，2020)③、增加企业出口密集度（李兵和李柔，2017)④、促进企业出口规模提升［比安希和马修斯（Bianchi，Mathews），2016］、提升企业出口产品质量（金祥义和施炳展，2022)⑤；基于数字平台经济视角，相关研究表明，跨境电商平台能够有效突破地理距离限制、降低进入成本和搜寻成本（鞠雪楠等，2020）⑥、提升出口规模和出口效率［岳云嵩和李兵，2018⑦；迈特等（Maite，et al.），2022]、减少信息不对称，进而提高出口绩效和拓展出口二元边际（马述忠和房超，2021)⑧。比里（Burri，2018）⑨ 认为数字技术能够触发服务和货物贸易运作的新模式，数字通信和交易为跨境业务提供了新的可能，数字平台为更多中小企业提供了参与国际贸易的新机遇。

另一方面，近年来部分学者开始就数字化转型对企业出口的影响展开研究。数字化转型对企业的出口倾向和程度都有促进作用［蒂斯（Teece），2018]、可以显著提高企业的出口竞争力（孟夏和董文婷，2022)、可以拓展企业的扩展边际和集约边际（杜明威，2022)、提高出口产品质量（陈凤兰等，2022)、提升企业出口韧性（魏昀妍等，2022)、降低出口退出风险

---

① 赵瑞丽等：《互联网深化、信息不确定性与企业出口平稳性》，《统计研究》2021 年第 7 期。

② 沈国兵、袁征宇：《互联网化、创新保护与中国企业出口产品质量提升》，《世界经济》2020 年第 11 期。

③ 刘海洋等：《互联网、企业出口模式变革及其影响》，《经济学（季刊）》2020 年第 1 期。

④ 李兵、李柔：《互联网与企业出口：来自中国工业企业的微观经验证据》，《世界经济》2017 年第 7 期。

⑤ 金祥义、施炳展：《互联网搜索、信息成本与出口产品质量》，《中国工业经济》2022 年第 8 期。

⑥ 鞠雪楠等：《跨境电商平台克服了哪些贸易成本？——来自"敦煌网"数据的经验证据》，《经济研究》2020 年第 2 期。

⑦ 岳云嵩、李兵：《电子商务平台应用与中国制造业企业出口绩效——基于"阿里巴巴"大数据的经验研究》，《中国工业经济》2018 年第 8 期。

⑧ 马述忠、房超：《跨境电商与中国出口新增长——基于信息成本和规模经济的双重视角》，《经济研究》2021 年第 6 期。

⑨ Burri, M., *Understanding and Shaping Trade Rules for the Digital Era*, Cambridge：Cambridge University Press, 2018, pp. 127–138.

并提高出口稳定性（范黎波等，2022）。

三、文献评述

从对上述文献的梳理来看，部分学者开始关注数字化转型对企业出口的影响。但仍存在一些改进的空间：

一方面，已有研究主要从互联网化以及数字平台经济等数字技术赋能的角度进行探讨。考虑到单一特定的数字技术赋能难以全面客观地反映企业生产经营中的数字化转型，进而不能准确评估数字化转型对企业出口行为的影响，本书在更精准测度企业数字化转型的基础上，刻画数字化转型对我国制造业企业出口的影响。

另一方面，关于数字化转型对企业出口影响的理论分析框架还不够清晰，仍需在理论层面深入探究其背后的影响渠道和机制。在国内外形势发生深刻变化以及数字经济蓬勃发展的背景下，建立数字化转型与企业出口的联系机制，能够为我国在数字化转型浪潮中"稳外贸"提供理论支持。因此，有必要对此问题进行更加深入、细致的研究。

第三节　数字化转型与企业出口技术
复杂度的相关文献综述

出口技术复杂度是衡量企业出口产品技术水平的重要标准。企业数字化转型的持续推进，必然会对企业出口产品的技术水平产生重要影响。因此，本节分别对出口技术复杂度的相关文献、数字化转型如何影响企业出口技术复杂度的相关文献进行系统梳理，并进行文献评述。

一、出口技术复杂度的相关研究综述

关于出口技术复杂度的相关研究，本书从出口技术复杂度的内涵、出口技术复杂度的测算方法和出口技术复杂度的影响因素三个层面进行综述。

（一）出口技术复杂度的内涵

出口技术复杂度的概念最早源于米凯利（Michaely，1984）① 提出的贸易专业化指标（Trade Specialization Indicator，TSI），其建立在大卫·李嘉图的比较优势理论的基础之上。基本逻辑是，一种产品的技术复杂度可以用生产该种产品的劳动生产率来衡量，并最终将出口产品的技术复杂度用各个国家出口该种产品的世界份额乘以工资水平的加权平均计算得出。该指标忽视了国家规模对出口产品技术含量的影响。在此基础上，豪斯曼等（Hausmann，et al.，2007）在 TSI 的基础上对权重进行了改进，将绝对比重改进为相对比重，即设为某种商品在已过出口中的份额与世界总水平的比例，并将其定义为出口复杂度。出口复杂度衡量了出口产品、产业或出口国总出口的技术含量，因此一国出口复杂度越高，说明其出口技术水平越高，强调了技术在国际贸易中的重要作用。

（二）出口技术复杂度的测算方法

豪斯曼等（Hausmann，et al.，2007）在"成本发现"模型的基础上，较早提出了计算出口技术复杂度的两步法，具体步骤：首先测算每一种出口产品的技术复杂度指数，其次计算一国总体出口技术复杂度。采用该指标可以较好地反映一国在世界出口中的地位，但没有考虑各国之间的垂直专业化分工，未剔除出口产品中包含的进口中间品的技术含量，也没有考虑不同行业出口产品的质量差异，因此在价值链贸易迅速发展的时代，并不能准确衡量一国真实的出口技术复杂度。鉴于此，学者们根据不同的研究需要，对上述方法进行了不同程度的改进。例如，杜修立和王维国（2007）将 Hausman 方法中以产品的总出口占世界总出口的权重，改为以产品的总生产在世界的分布为权重，分析认为中国出口贸易的技术结构并没有显著提升；姚洋和张晔（2008）将国际产品内分工纳入分析框架，基于投入产出表，剥离了进口中间投入品所贡献的技术含量，从而得到出口品的国内技术含量，丁小义

---

① Michaely, M., *Trade, Income Levels and Dependence*, North-Holland, Amsterdam: Elsevier Science Ltd, 1984.

和胡双丹（2013）、刘琳和盛斌（2017）均沿袭这一思想，剔除进口中间品对技术复杂度的贡献，构建出口净技术复杂度指数对中国出口技术含量进行测算；邱斌等（2012b）①基于联合国商品贸易数据库（UN Comtrade）提供的各国出口数据，计算了我国制造业各行业以及 2600 多个产品的出口技术复杂度，并以此揭示我国制造业价值链地位；许（Xu，2007）根据产品质量对出口产品技术复杂度进行了调整，王永进等（2010）、盛斌和毛其淋（2017）借鉴该方法，分别测算了国家层面的出口技术复杂度和企业层面的出口技术复杂度。

（三）出口技术复杂度的影响因素

近年来，较多文献关注了影响出口技术复杂度的因素。学者们从企业参与全球价值链、企业面临的外部环境、知识产权保护和研发、贸易和外国直接投资（FDI）等多个视角对这一问题进行了探讨。

从企业参与全球价值链的视角，刘维林等（2014）基于中国 2001—2010 年 27 个制造部门的面板数据，实证研究表明，中国制造业通过参与全球价值链分工所获取的国外中间投入，提升了出口技术复杂度；刘琳和盛斌（2017）基于中国 1998—2011 年 16 个工业行业的面板数据，实证研究表明，中国制造业参与全球价值链并没有提高国内技术复杂度，而研发投入和良好的商业和制度环境在全球价值链对国内技术复杂度的偏效应中产生正向影响；郑丹青（2021）研究表明，提升企业全球价值链嵌入度、激发企业创新能力是提升企业出口技术复杂度的有效途径。

从企业面临的外部环境的视角，王永进等（2010）基于企业异质性分析框架，采用豪斯曼等（Hausmann，et al.，2007）和许（Xu，2007）的方法测算了 101 个国家的出口技术复杂度，实证研究表明基础设施稳健地提高了各国的出口技术复杂度；盛斌和齐俊艳（2011）研究发现金融发展可以通过解决逆向选择问题促进一国专业化生产高技术复杂度产品，从而提升一

---

① 邱斌等：《参与全球生产网络对我国制造业价值链提升影响的实证研究——基于出口复杂度的分析》，《中国工业经济》2012 年第 1 期。

国整体出口技术复杂度；戴翔和金碚（2014）① 借鉴豪斯曼等（Hausmann, et al., 2007）的方法，测算了62个国家（地区）的出口技术复杂度，实证结果表明制度质量的完善有利于出口技术复杂度的提升，融入产品内国际分工程度及其与制度质量的交互作用，也能显著提升出口技术复杂度；戴魁早（2018）基于中国高技术产业1995—2015年地区层面的面板数据，研究表明技术市场发展显著促进了高技术产品出口技术复杂度的提升，其作用机制为研发投入增加、技术转化以及技术溢出效果强化；戴魁早（2019）基于中国高技术产业1995—2013年面板数据的研究表明，要素市场扭曲对高技术产品出口技术复杂度产生抑制效应；张晓莉等（2022）基于2000—2020上市公司制造业数据的实证研究表明，科技金融发展对企业出口技术复杂度的提升具有促进作用，其作用机制为资本效应、创新效应与生产效应。

从知识产权保护和研发的视角，代中强（2014）基于2003—2011年中国30个省份分行业的贸易数据，测算省际出口技术复杂度的基础上，研究表明中国地区不均质实际知识产权保护对出口技术复杂度的影响呈现倒U形关系；李俊青和苗二森（2018）基于不完全契约的背景，验证了知识产权保护对企业出口技术复杂度的促进作用；毛其淋和方森辉（2018）基于2005—2007年中国工业企业数据库和海关数据库的研究表明，企业研发显著促进了企业出口技术复杂度的提升，并且地区知识产权保护强化了企业研发对出口技术复杂度的提升作用。

从贸易的视角，盛斌和毛其淋（2017）从企业和行业两个层面考察了进口贸易自由化对中国制造业出口技术复杂度的影响，研究发现进口贸易自由化显著提高了企业出口技术复杂度，且中间品关税减让对企业出口技术复杂度的促进作用大于最终品。同时，近年来学者们开始关注数字贸易，如姚战琪（2021）基于中国30个省份的数据研究表明，发展数字贸易是促进中国出口技术复杂度提升的重要途径；于欢等（2022）基于2000—2013年中国工业企业和海关数据库的研究表明，数字产品进口能显著促进企业出口技

---

① 戴翔、金碚：《产品内分工、制度质量与出口技术复杂度》，《经济研究》2014年第7期。

术复杂度提升，其影响渠道为企业生产率提升效应和出口产品多样化促进效应。

从外国直接投资（FDI）的视角，钦加诺和斯基瓦尔迪（Cingano，Schivardi，2004）指出，FDI 可以通过加强市场竞争，进而促进本国企业的出口技术水平的增长；许斌、路江涌（Xu，Lu，2009）① 基于 2000—2005 年中国海关数据考察了外国直接投资与出口技术复杂度的关系，研究表明来自发达国家外资比重的提高能够显著促进中国出口技术复杂度提升；杨连星和刘晓光（2016）基于中国 OFDI 与出口贸易的面板数据，研究表明 OFDI 逆向技术溢出促进了中国出口技术复杂度的提升。

二、数字化转型影响出口技术复杂度的研究综述

目前，国内外对数字化转型和出口技术复杂度之间关系的研究相对较少，大多数学者主要关注数字化转型与出口稳定性、出口质量、出口竞争力等变量之间的关系。比如，范黎波等（2022）研究表明，数字化转型将显著降低企业出口退出风险，提高出口稳定性。洪俊杰等（2022）、杜明威等（2022b）以及祝树金等（2023）② 的实证研究发现，企业数字化转型能够显著提升出口产品质量，并从企业创新、企业管理效率和人力资本水平等层面探究了影响机制。孟夏和董文婷（2022）研究表明，企业数字化转型会明显提升其出口竞争力，并验证了生产效率提升、成本降低效应和供应链集中度提升效应这三条影响渠道。陈凤兰等（2022）研究发现，成本节约效应、资源配置优化效应、创新能力和人力资本提升效应是制造业数字化投入影响出口贸易优化的四条途径，并且该影响在行业、市场和出口结构等方面存在异质性。综上所述，学者们已经证明数字化转型对于企业出口产品质量和市场竞争力提升的促进作用。通过数字化转型，企业能够增强其创新能力，更好地分配资源，降低生产成本，并进一步提高其出口产品质量和市场

---

① Xu, B., Lu, J. Y., "Foreign Direct Investment, Processing Trade, and the Sophistication of China's Exports", *China Economic Review*, Vol. 20, No. 3 (2009), pp. 425–439.

② 祝树金等：《数字化转型能提升企业出口产品质量吗》，《经济学动态》2023 年第 11 期。

竞争力。另外，通过数字化转型，企业可以通过提升生产效率和供应链的集中度等途径，来增强其出口竞争力。

目前，仅有少数学者研究了数字技术或数字化转型对出口技术复杂度的影响。钞小静等（2020）研究表明，数字基础设施建设能够通过技术扩散效应提高地区出口技术复杂度。朱勤等（2021）研究表明，互联网发展对城市出口技术复杂度提升具有促进作用，其影响渠道为人力资本效应和技术创新效应。徐晖等（2022）① 基于省级层面数据研究表明，人工智能与制造业的结合能够显著推升出口技术复杂度，其影响渠道为劳动技能结构的优化。张兵兵等（2023）研究表明，人工智能技术能够显著提高企业的出口技术复杂度，其影响机制为企业创新能力提升和企业要素配置结构优化。具体到数字化转型对出口技术复杂度的影响，党琳等（2021）基于 2008—2015 年 49 个国家的网络就绪指数和这些国家 15 个制造业行业投入产出数据以及通过产品层面计算得到的行业国际贸易数据，构建了可用于国际比较的行业数字化转型指标。研究表明，制造业行业数字化转型对出口技术复杂度的影响呈现出非线性特征。李宏和乔越（2021）将国家信息化发展战略视为准自然实验，基于 2003—2015 年我国制造业 28 个细分产业的面板数据，系统评估了数字化转型对制造业出口技术复杂度的影响，并考察了市场规模、新产品赋能以及上下游产业等具体渠道。以上研究表明，数字技术及数字化转型对出口技术复杂度的积极影响得到了学者们的广泛认可。

三、文献评述

当前虽然已有部分学者对出口技术复杂度，以及数字化转型对出口技术复杂度的影响进行研究，但是在现有理论与文献的基础上，仍然有值得探讨的地方。

第一，学术界对于出口技术复杂度的相关研究较多集中在国家或者行业（尤其是制造业）层面，而企业作为出口和国际化行为的微观主体，其出口

---

① 徐晖等：《智能制造、劳动力技能结构与出口技术复杂度》，《财贸研究》2022 年第 3 期。

技术复杂度理应得到更多关注。政府曾明确强调在中国经济从高速增长转向高质量发展的新时期，通过企业出口技术复杂度提升进而实现出口转型升级，意义深远。因此，对如何提升企业出口技术复杂度进行探究，不仅具有重要的理论意义，而且在新发展格局下，对提升我国国际循环的质量和水平具有重要的现实意义。

第二，关于数字技术或者数字化转型对出口技术复杂度的相关研究，多聚焦在行业或者区域层面，并多从互联网、数字基础设施、人工智能等角度进行探讨，而从微观企业层面视角，对数字化转型影响出口技术复杂度的研究较为缺乏。企业数字化转型作为数字经济下的重大战略变革，必然对出口技术复杂度产生影响。另外，既有文献关于数字化转型与出口技术复杂度的影响机制的相关研究还不够丰富，缺乏清晰的理论分析框架，仍需在理论层面深入探究其背后的影响渠道和机制。当前，数字化转型对我国宏观经济发展和企业微观行为具有深远而重要的意义，而我国企业的数字化转型发展仍处在初级探索阶段，仍有很大的发展空间，因此有必要对此问题进行更加深入、系统的研究。

第四节　数字化转型与企业跨境并购的相关文献综述

一、企业跨境并购的相关研究综述

关于企业跨境并购的相关研究，此处从企业跨境并购的动因和中国企业跨境并购的影响因素两个层面进行梳理。

（一）企业跨境并购的动因研究

跨境并购是企业对外直接投资的重要方式之一。关于企业对外直接投资动因的研究起源于 20 世纪 60 年代，随着发达国家企业对外直接投资的迅速发展，西方学者开始从不同角度、不同层次对发达国家对外直接投资的动机、决定因素和行为方式等进行分析，形成了一系列对外直接投资理论。早期比较典型的理论主要有垄断优势理论［海默（Hymer），1976］、产品生命周期论［弗农（Vernon），1979］、内部化理论［巴克利和卡森（Buckley，Casson），1976］和国际生产折衷理论［邓宁（Dunning），1977］等。海默强调包括生产技术、管理等无形资产在内的知识资产优势以及规模经济优势在内的垄断优势是一国进行对外直接投资的决定因素；弗农建立了产品生命周期的三阶段模型，认为对外直接投资的产生是产品生命周期三个阶段更迭的必然结果，比较符合战后发达国家创新型行业对外直接投资的实践；巴克利和卡森从中间产品的性质与市场机制的矛盾中论证内部化的必要性，将市场交易内部化原则引入境外直接投资领域；邓宁在综合垄断优势理论、内部化理论两个学派的基础上，融入东道国区位因素，建立了国际生产折衷理论（Eclectic Theory），又称为 OLI 范式（Ownership-Location-Internalization Para-digm）。该理论认为所有权优势（O）、区位优势（L）、内部化优势（I）是企业跨国经营必须具备的三大因素。所有权优势是对外直接投资（ODI）的基础，内部化是实现所有权优势的途径，区位优势是发挥所有权优势的条件，当企业同时具备这三种优势时，才能实施对外直接投资。然而，国际生产折衷理论研究的对象是发达国家的跨国公司，对那些并不具备以上三种优势的广大发展中国家企业的对外直接投资行为很难作出较完整及全面的解释。

继以上几大代表性理论之后，国内外学者对国际直接投资理论的探索主要从国际经济学和国际商务两个角度展开。从国际经济学的角度来看，主要包括新古典贸易理论框架下的垂直型国际直接投资理论［赫尔普曼（Help-man），1984］、新贸易理论框架下的水平型国际直接投资理论［马库森（Markusen），1984］、知识资本模型［马库森（Markusen），1984］，以及新新贸易理论框架下的对外直接投资理论等。新新贸易理论的一个分支是企业异质性理论。赫尔普曼等（Helpman，et al.，2004）在企业异质性框架下，探究了企业生产率与其国际化行为（出口还是对外直接投资）选择之间的关系。结果表明，生产率水平最低的企业只能服务国内市场；生产率水平最高的企业选择对外直接投资；生产率水平居中的企业只选择出口。从国际商务的角度来看，基于资源的战略观（resource-based view）、基于产业的战略观（industry-based view）和基于制度的战略观（institutional-based view）逐渐成为近几年研究企业国际化问题的重要理论框架。

总结上述对于对外直接投资理论和跨国并购理论的研究，可以看出资源、成本、市场、制度等因素的决定性作用。同时，行业特性与企业异质性也对企业的国际化行为选择具有重要影响。

在实证研究层面，刘青等（2017）从广延边际和集约边际的视角，对中国海外并购的区位选择决策进行研究，结果表明我国海外并购表现出市场寻求和矿产金属资源寻求特征；我国经济发展到新阶段后，海外并购表现出战略资产寻求动机；在区位选择决策中，对东道国政治、经济风险欠缺考虑，甚至在投资规模上表现出明显的风险追逐特征，而重视交易成本，倾向于进入腐败程度较低的国家。蒋殿春和唐浩丹（2021）对我国数字型跨国并购行为进行了研究，实证结果表明企业进行数字型跨境并购的技术寻求动机强烈，市场规模和地理距离不再是企业跨境并购的考量因素。孟凡臣和谷洲洋（2021）研究发现企业在进行跨境并购时更倾向于获取先进技术和研发资源；跨境并购为企业获取先进国家的管理经验、战略思维和技术外溢提供了可能，有利于降低潜在的成本和风险，从而成为企业实现转型升级的有效途径。

（二）企业跨境并购影响因素的研究

国内外学者对跨境并购影响因素的研究主要从外部因素和内部因素两个层面展开。

对于外部因素对跨境并购的影响较为充实，主要包括东道国及母国制度环境、政治风险、外交关系、营商环境等视角。关于东道国制度环境对企业跨境并购的影响，张建红和周朝鸿（2010）认为制度因素不仅有可能直接影响企业国际化战略的顺利实施，而且会对影响企业国际化战略实施的其他因素产生显著的调节作用，从而间接地影响企业国际化的成效。张建红等（Zhang，et al.，2011）发现东道国良好的制度质量有利于提高中国企业海外并购成功的可能性，且制度障碍在不同行业、不同所有制企业之间存在不平衡性。阎大颖（2011）综合国际商务的制度观和组织学习理论，实证表明正式和非正式制度距离对中国企业海外并购的成功存在显著的负面影响。胡彦宇和吴之雄（2011）基于 Wind 资讯 2004—2010 年海外并购案例，从新制度经济学的视角进行了实证研究，结果表明，正式性制度约束会通过产业保护对我国海外并购产生直接影响，非正式制度不仅影响企业海外并购的成功率，而且能通过并购经验对正式制度约束产生调节作用。田海峰等（2015）基于 126 起跨境并购的案例数据，采用事件分析法对影响企业并购绩效的制度因素进行了回归分析，研究表明东道国的经济自由化程度与并购绩效显著正相关，而文化距离、主并企业是否拥有跨境并购经验对并购绩效的影响并不显著。哈桑等（Hasan，et al.，2016）认为正式制度距离会对并购企业产生积极影响，相反，非正式制度距离会对并购企业绩效产生消极影响。从母国政策环境的视角，张宸妍等（2022）通过梳理对外直接投资便利化相关的中央和省级政策文件，验证了政策支持对企业对外直接投资的积极促进作用。韩永辉等（2021）将双边投资协定的签订与实施作为准自然实验，研究表明双边投资协定能够显著提高中国企业的意愿并购，并提高并购成功数量；且这种促进效应具有长期性。周楠和杨竹（2023）探究了东道国和母国不同维度的制度距离对企业跨境并购创新绩效的影响，研究表明正式制度距离增加了企业面临的外来者劣势，对创新绩效产生负向影响，而文化、信仰等非正式制度距离通过带来知识异质性对创新绩效产生正向影响。关于政治风险的影响，杨棉之和孙超（2014）、陈岩和郭文博（2018）等研究表明政治风险较高的国家和地区对企业跨境并购绩效具有显著的抑制作用，这可以部分解释发展中国家对发达国家的投资（张元钊，2016）。关于文化距离的影响，迪科娃等（Dikova，Sahib，2013）[①] 发现文化距离有助于企业并购绩效的提升，同时收购方丰富的海外收购经验在这一影响中发挥正向调节作用；孔德议（2017）认为知识转移、文化距离对跨境并购绩效存在正向影响，而达塔等（Datta，et al.，1995）、阎大颖（2009）、唐建荣

---

① Dikova, D., Sahib, P. R., "Is Cultural Distance a Bane or a Boon for Cross-border Acquisition Performance?", *Journal of World Business*, Vol. 48, No. 1 (2013), pp. 77-86.

等（2018）研究表明，文化差异与并购绩效负相关。关于外交关系，李诗和吴超鹏（2016）认为中国同东道国外交关系越密切、东道国国民的诚信程度越高、中国与东道国的历史交战次数越少，并购交易完成的可能性越高；陈岩和郭文博（2018）研究表明，良好的双边外交关系可显著弱化制度风险的消极影响；刘敏等（2020）的实证分析结果也表明，拉近双边政治关系能够显著提高中国企业跨国并购的成功率；韩永辉等（2022）通过匹配双边联合公报声明数据和企业海外并购数据，实证研究也表明双边外交关系的增进对提高中国企业跨国并购的意愿和成功率具有显著的促进作用。

部分学者从企业规模、国际化经验、公司治理水平等视角，考察了企业内部因素对跨境并购的影响。如周永红等（2017）、周佳（2017）的研究分别表明企业规模、公司治理水平与跨境并购绩效呈现正相关关系。江诗松等（2022）基于中国 88 家上市公司发起的 101 起跨境并购案例，探索了中外合资经验对跨国并购绩效的影响，实证结果表明中外合资经验与跨境并购绩效之间呈 U 形关系。贾镜渝和李文（2015）研究了经验对跨境并购成功率的影响，结果表明跨境并购相关经验与跨国并购成功率呈 U 形关系，与国有企业相比，民营企业更依赖经验。杨波等（2016）研究了企业所有制对跨境并购成功率的影响，实证结果表明国有企业比非国有企业的海外并购成功率低，企业并购经验能显著提升并购成功率。

二、数字化转型影响企业跨境并购的相关研究

目前，诸多学者肯定了数字化转型将对企业对外直接投资或跨境并购产生直接影响。如詹晓宁和欧阳永福（2018）[①]认为，数字经济下跨境企业的快速成长在很大程度上决定着全球跨境企业的发展动向；巴克利和博德威（Buckley，Boddewy，2015）认为跨国企业在数字化浪潮的冲击下，正在对

---

①　詹晓宁、欧阳永福：《数字经济下全球投资的新趋势与中国利用外资的新战略》，《管理世界》2018 年第 3 期。

自身定位及其国际化战略进行调整；张文佳（2021）指出，新一代信息技术，如人工智能和大数据等成为企业规划海外投资布局时的重点考虑领域。联合国贸发会议发布的《世界投资报告（2017）》以"投资和数字经济"为主题，探讨了数字化对全球投资模式的影响，认为快速发展的数字经济，确实能为商业及创业活动提供新的机遇和进入海外市场的新渠道，并有助于参与全球价值链，还能为处理各种发展难题提供新的工具。

目前，专门针对数字化转型对企业跨境并购影响的研究较为缺乏，代表性文献是衣长军和赵晓阳（2024），其研究表明，数字化转型通过抑制管理层短视、提高企业风险承担水平和降低代理成本显著提升了跨国企业的海外投资效率。学者们主要聚焦于数字化转型对广义对外直接投资的影响，且尚未得到一致的结论。如前文所述，部分学者认为数字化转型能够促进企业对外直接投资决策、规模或效率（林川，2023；胡杨等，2023；张宝友等，2023；阚澄宇等，2023；隋小宁等，2024）。而部分学者认为企业数字化转型带来的贸易成本下降、可贸易品范围的扩大将对企业对外直接投资产生抑制作用；［巴纳利耶娃和达纳拉吉（Banalieva，Dhanaraj），2019；安特拉斯（Antràs），2020］，同时，"IT悖论"的存在使得部分数字化转型企业未能实现预期效益［豪伊利等（Hajli，et al.），2015；埃卡塔（Ekata），2012］，因而对其对外直接投资等海外经营行为并未产生积极影响。

三、文献评述

从对上述相关文献的梳理来看，数字经济将对跨国公司产生深远影响。中国企业能否抓住数字化机遇，通过数字化转型实现企业对外直接投资或跨境并购的"增量提效"，对于构建国内国际双循环新发展格局，有效应对当前复杂国际环境下对外直接投资总体萎缩的现实困境具有重要意义。数字化转型对企业对外直接投资或者跨境并购影响的研究相对较为缺乏，已有的少量文献主要关注数字化转型如何影响对外直接投资，且尚未得出一致结论，更是鲜有专门聚焦数字化转型对企业跨境并购影响的相关研究。因此，本书第六章将从企业层面出发，在构建数字化转型影响企业跨境并购理论分析框架的基础上，从广延边际和集约边际两个维度系统研究数字化转型对跨境并购的具体影响。

本章小节

本章全面梳理了数字化转型、数字化转型与企业出口、数字化转型与企业出口技术复杂度以及数字化转型与企业跨境并购这四类文献。总体来看，已有较多文献关注了企业数字化转型的内涵、测度方法及其经济效应。近年来，较多学者基于文本分析法来测度企业的数字化转型，为深入研究企业数字化转型的相关问题提供了良好的基础。学者们从不同的维度对数字化转型的经济效应进行了研究，但是对于数字化转型对企业国际化的影响，尚缺乏较为系统、具体的微观研究，例如对数字化转型如何影响企业出口技术复杂度的理论和实证研究还较为缺乏；关于数字化转型对企业对外直接投资影响的研究还较少，更是鲜有专门聚焦数字化转型对企业跨境并购影响的相关研究。

第 二 章

中国企业数字化转型的特征事实分析

本章是对中国企业数字化转型特征事实的综合考察。数字化转型是企业利用数字化技术，对人才、资本、技术等基础资源进行全面优化配置，对企业各环节、各要素进行协同创新，从而提高企业经济效益的过程。如前文第一章第一节对数字化转型测算的文献综述部分所总结的，目前学术界主要有三种常用的方法：一是访谈法或者问卷调查法，对部分代表性企业的数字化转型程度进行量化分析，这类方法可以比较直接地获取调查对象的数字化转型程度，但样本量较为有限，而且容易受到被调查对象主观认知的影响，难以反映企业数字化转型的整体水平；二是借助企业财务报告评估数字化转型程度，但实施数字化转型，本质上是一项全面、系统的企业战略，仅仅通过企业的财务数据单方面衡量数字化转型的效果是不全面、不系统的；三是基于上市公司年报，通过文本分析法统计数字化特征词频来测度企业数字化转型程度最具代表性，成为目前学术界对数字化转型较权威的方法。因此，本章采用第三种方法，基于不同指标构建方法，对企业数字化转型进行系统测度，并在此基础上进行特征事实分析。

第一节　数字化转型的测算

本书主要借鉴赵宸宇等（2021）、吴非等（2021）以及陈东和郭文光（2024）的方法，以 A 股上市公司年度报告作为基础样本，对企业数字化转型程度进行测算和统计分析。这三种方法在"数字化转型"关键词选取及指标构建方面各具特色，因此本书采用这三种方法对企业数字化转型情况进行测算，尽可能保证结果的稳健性。

一、企业数字化转型测算方法一

测算方法一参考赵宸宇等（2021）的测算方法，基于上市公司年度报表数据，基于数字技术应用、互联网商业模式、智能制造和现代信息系统四个维度及99个数字化相关的分词，采用文本分析方法来构建企业数字化转型的测算体系。具体做法如下：

首先，从巨潮资讯网下载上市公司年报，并将原始报告文本整理为面板数据，统计年报全文的文本长度，统计全文中，中英文部分的文本长度；借鉴赵宸宇等（2021）构建的企业数字化术语词典，建立上市公司的数字化转型指数测算体系，如表2-1所示。

表2-1 企业数字化转型指数构建及关键词选取

维度	分类词语	分词词典
数字技术应用	数据、数字、数字化	数据管理、数据挖掘、数据网络、数据平台、数据中心、数据科学、数字控制、数字技术、数字通信、数字网络、数字智能、数字终端、数字营销、数字化、大数据、云计算、云IT、云生态、云服务、云平台、区块链、物联网、机器学习
互联网商业模式	互联网、电商	移动互联网、工业互联网、产业互联网、互联网解决方案、互联网技术、互联网思维、互联网行动、互联网业务、互联网移动、互联网应用、互联网营销、互联网战略、互联网平台、互联网模式、互联网商业模式、互联网生态、电商、电子商务、Internet、"互联网+"、线上线下、线上到线下、线上和线下、O2O、B2B、C2C、B2C、C2B
智能制造	智能、智能化、自动、数控、一体化、集成	人工智能、高端智能、工业智能、移动智能、智能控制、智能终端、智能移动、智能管理、智能工厂、智能物流、智能制造、智能仓储、智能技术、智能设备、智能生产、智能网联、智能系统、智能化、自动控制、自动监测、自动监控、自动检测、自动生产、数控、一体化、集成化、集成解决方案、集成控制、集成系统、工业云、未来工厂、智能故障诊断、虚拟化、虚拟制造

续表

维度	分类词语	分词词典
现代信息系统	信息、信息化、网络化	信息共享、信息管理、信息集成、信息软件、信息系统、信息网络、信息终端、信息中心、信息化、网络化、工业信息、工业通信

数据来源：赵宸宇等：《数字化转型如何影响企业全要素生产率》，《财贸经济》2021 年第 7 期。

其次，将上述词汇扩充到 Python 的 Jieba 库，去除停顿词，统计上述四个维度及 99 个数字化分词的出现频数，从而衡量上市公司的总体数字化转型程度及各维度的转型程度。随后，为提高多指标体系测算方法下评价结果的客观性和准确性，本书采用熵值法设定各项指标的重要性系数，由此完成上市公司数字化转型指数的构造过程。该指标数值越大，说明企业数字化转型程度越高。

二、企业数字化转型测算方法二

测算方法二参照吴非等（2021）的测算方法，基于人工智能技术、大数据技术、云计算技术、区块链技术和数字技术运用五个维度及 76 个数字化相关分词，对样本企业在研究期间内的年度报告进行文本分析，构建企业数字化转型的测算体系（见表 2-2），以此来评估其数字化转型的水平。具体做法与上述测算方法一类似，最终得出上述五个维度及 76 个数字化分词的出现频数，用以衡量上市公司的总体数字化转型程度及各维度的转型程度；随后，本书采用熵值法设定各项指标的重要性系数，由此构造上市公司数字化转型指数。该指标数值越大，说明企业数字化转型程度越高。

表 2-2　五个维度分词词典

维度	分词词典
人工智能技术	人工智能、商业智能、图像理解、投资决策辅助系统、智能数据分析、智能机器人、机器学习、深度学习、语义搜索、生物识别技术、人脸识别、语音识别、身份验证、自动驾驶、自然语言处理
大数据技术	大数据、数据挖掘、文本挖掘、数据可视化、异构数据、征信、增强现实、混合现实、虚拟现实

续表

维度	分词词典
云计算技术	云计算、流计算、图计算、内存计算、多方安全计算、类脑计算、绿色计算、认知计算、融合架构、亿级并发、EB 级存储、物联网、信息物理系统
区块链技术	区块链、数字货币、分布式计算、差分隐私技术、智能金融合约
数字技术运用	移动互联网、工业互联网、移动互联、互联网医疗、电子商务、移动支付、第三方支付、NFC 支付、智能能源、B2B、B2C、C2C、O2O、网联、智能穿戴、智慧农业、智能交通、智能医疗、智能客服、智能家居、智能投顾、智能文旅、智能环保、智能电网、智能营销、数字营销、无人零售、互联网金融、数字金融、Fintech、金融科技、量化金融、开放银行

数据来源：吴非等：《企业数字化转型与资本市场表现——来自股票流动性的经验证据》，《管理世界》2021 年第 7 期。

三、企业数字化转型测算方法三

测算方法三借鉴陈东和郭文光（2024）的做法，在吴非等（2021）确立的五个维度 76 个数字化关键分词的基础上，运用文本分析方法对上市公司年报中"管理层讨论与分析"（以下简称 MD&A）部分进行分词处理，统计数字化转型关键词出现的词频。由于年报 MD&A 篇幅的长度差异可能影响企业披露"数字化转型"关键词的频数，因此采用数字化转型相关词汇频数总和除以 MD&A 语段长度乘以 100 衡量企业数字化转型程度。

与前述方法不同的是，此方法选择了企业年报中 MD&A 信息作为文本分析对象。主要原因：一是 MD&A 信息是管理层充分考虑企业的外部经营环境和内部资源技术条件，结合企业管理政策和业务特征，对企业的经营业务情况、生产技术水平和发展战略步骤等重大事项所进行的有针对性的讨论与分析，具有全面性和指向性；二是考虑到 MD&A 信息披露的及时性、公允性和严肃性，较少包含与企业生产经营无关的文本信息，具有较高的文本数据质量，有助于提高文本分析方法构建企业数字化转型指标的准确性（肖土盛等，2022)[1]，此

---

[1] 肖土盛等：《数字化的翅膀能否助力企业高质量发展——来自企业创新的经验证据》，《经济管理》2022 年第 5 期。

种测度选择在企业数字化转型的相关文献中应用比较广泛；三是 MD&A 信息中确实会存在部分对企业发展展望的内容，但整体上不会过多影响企业数字化转型构造方法的代表性和准确性（袁淳等，2021）[1]。

第二节　中国企业数字化转型程度的特征事实

一、基于测算方法一的特征事实

考虑到第四、五章的实证研究主要基于制造业上市公司情况对企业出口行为进行分析，因此基于测算方法一，即赵宸宇等（2021）的测算方法，主要对制造业上市公司数字化转型程度进行了统计分析。根据前文测算方法可知，数字化指标数值越大，意味着企业数字化转型程度越高。

图 2-1 展示了 2001—2022 年每年数字化词频以及分词词频的均值变化趋势，图 2-2、图 2-3 和图 2-4 分别展示了不同所有制企业、不同行业企业和不同区域企业数字化转型程度的变化趋势。

如图 2-1 所示，2001—2010 年我国制造业企业数字化词频的变化趋势呈现出缓慢增长的情况，从 2011 年开始逐渐进入迅速增长期，2020 年之后更是明显增长，这也符合近些年我国制造业企业对于数字化转型发展的重视。从数字化分词词频来看，各制造业企业更为关注智能制造，尤其是 2015 年以来智能制造年均词频数明显高于其他三类词频。同时，数字技术应用年均词频数在 2015 年以后增速明显提升，超过互联网商业模式和现代信息系统；目前企业较少关注现代信息系统。

从企业所有制的角度，本章将我国制造业企业分为国有企业和非国有企业两大类。由图 2-2 可以看出，2003—2011 年，两类企业的数字化转型程度相差无几并且都处于较低水平，但是在 2012 年情况开始发生变化，非国

---

[1]　袁淳等：《数字化转型与企业分工：专业化还是纵向一体化》，《中国工业经济》2021 年第 9 期。

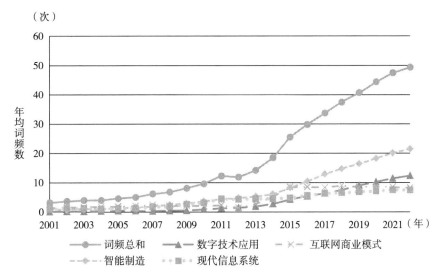

（次）

图 2-1　2001—2022 年中国制造业企业数字化总词频及分词词频年均值趋势

数据来源：作者基于上市公司年报及文本分析法测算所得。下同。

有企业开始领先于国有企业。①　这可能是由于非国有企业易于接受新事物，更易创新，而且在进行企业决策时所受到的制约因素较少。总体来看，两者发展趋势大体一致，即均呈现逐年增长的态势。

　　从制造业企业要素密集度的角度来看，由于制造业拥有庞大的产业体系，种类众多，各细分行业的要素密集度存在较大差异。劳动密集型行业技术要求相对较低，单位产品成本中劳动消耗所占比重较大；资本密集型行业多为生产生产资料的工业部分，主要特征是资金投入较多，建设周期较长，与劳动密集型行业相比，所需投入的劳动力要素相对较少；技术密集型行业又称为知识密集型行业，是需用应用复杂先进而又尖端的科学技术才能进行生产的部门，在生产结构中，技术知识所占比重大，科研费用高，劳动者文化技术水平高，产品附加价值高，增长速度快。因此，本章依据李雪冬等（2018）的研究，将制造业分为劳动密集型、资本密集型和技术密集型三

---

①　国泰安 CSMAR 数据库中国上市公司股权性质数据库从 2003 年开始记录企业股权性质开始，故此处从 2003 年开始统计。

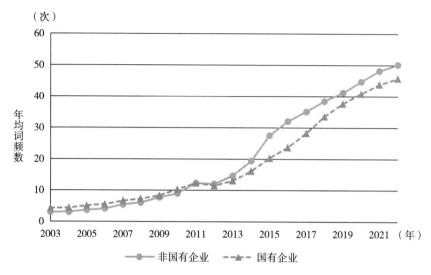

图 2-2　2003—2022 年中国制造业不同所有制企业数字化转型趋势

类。其中，劳动密集型行业，包括农副食品加工业，食品制造业，酒、饮料和精制茶制造业，烟草制品制造业，纺织业，纺织服装、服饰业，皮革毛皮羽毛及其制造业，木材加工和木、竹、藤、棕、草制品制造业。资本密集型行业，包括家具制造业，造纸和纸制品业，印刷和记录媒介复制业，文教、工美、体育和娱乐用品制造业，石油加工、炼焦和核燃料加工业，化学纤维制造业，橡胶和塑料制品业，非金属矿物制品业，黑色金属冶炼和压延加工业，有色金属冶炼和压延加工业，金属制品业。技术密集型行业，包括化学原料和化学制品制造业，医药制造业，通用设备制造业，专用设备制造业，汽车制造业，铁路、船舶、航空航天和其他运输设备制造业，电气机械和器材制造业，计算机、通信和其他电子设备制造业，仪器仪表制造业，其他制造业，废弃资源综合利用业。

　　从图 2-3 可以看出，2001—2022 年，从数字化转型词频的年度均值来看，三类行业的数字化转型保持了较为相似的增长态势，即 2001 年以来各行业都开启了数字化转型的进程，尤其是 2010 年以来，三类行业企业的数字化转型都开始加速，尽管 2022 年略有下降。总体来看，技术密集型行业的词频数最高，其次为劳动密集型行业，最低的为资本密集型行业。

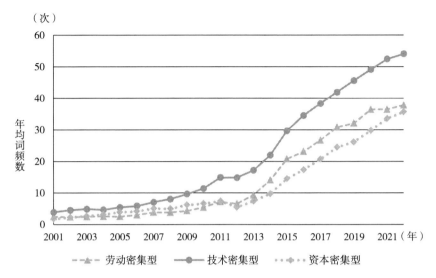

（次）

图 2-3 2001—2022 年中国制造业不同要素密集度企业数字化转型趋势

我国各地区之间人口和经济发展方面存在一定差异，尤其是东部和中西部地区的发展并不均衡。① 为此，本书将探讨这两个地区的数字化转型发展情况。由图 2-4 可知，我国东部和中西部地区的制造业企业数字化转型趋势整体变化趋势相似，2001—2011 年两者发展情况较为接近且增长较为缓慢，从 2012 年开始，两者进入迅速增长阶段，但是东部地区的制造业企业数字化转型发展情况要优于中西部地区，这也符合两地区之间在人口和经济等方面存在明显差距的现实情况。

二、基于测算方法二的特征事实

基于测算方法二，即吴非等（2021）的测算方法，此处对上市公司数字化转型程度进行了统计分析。考虑到第六章实证分析的样本为跨境并购企业，因此，此处也同时对跨境并购企业数字化转型的特征进行统计分析。

（一）上市公司数字化转型的特征事实

图 2-5 为中国上市公司 2001—2022 年数字化转型总词频及各分词年均

---

① 根据国家统计局的划分，我国东部地区包括北京、天津、河北、上海、江苏、浙江、福建、山东、广东和海南 10 省（市）。

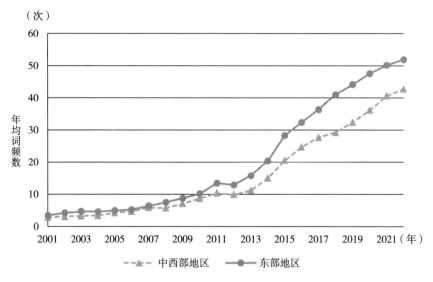

（次）

图 2-4　2001—2022 年中国制造业企业数字化转型区域分布

词频数的统计。如图 2-5 所示，中国上市公司的数字化转型程度一直处于上升趋势，尤其是 2011 年以来，数字化转型词频的年均值增速明显提升，表明我国企业数字化转型的步伐明显加快，这与图 2-1 基于测算方法一的结论保持一致。从五个维度的分词词频来看，数字技术应用是企业最为关注的维度，年均词频数明显高于其他四个维度。云计算技术的词频均值自 2011 年以来显著提升，近年来与大数据技术的词频均值数相差不大，这是因为云计算在 2009 年从技术层面取得了重要的突破，Google 推出了云计算平台 Google App Engine，这是一个 PaaS（platform as a service，平台即服务）平台，可以提供应用程序开发和部署所需的平台和基础设施，使得用户不用管理底层硬件和软件，就能够构建、测试和部署应用程序，而中国的云计算行业同期也实现了跨越式发展，阿里软件在江苏建立了首个"电子商务云计算中心"，标志着云计算正式走入中国的历史舞台，这一年被称为中国的"云计算元年"。人工智能技术主要包括深度学习、机器学习等领域的算法优化和计算能力的提升，其词频均值数自 2017 年以来增速显著，明显高于其他几个维度。目前企业对区块链技术的关注度还较低，词频均值数明显低于与其他几个维度。2016 年，中国政府开始关注并认可区块链的价值，国务院印发《"十三五"国家信息化规划》，明确提出"加强区块链等新技术基础研发和前沿布局，构筑新赛场先发主导优势"；2021 年工业和信息化部、中央网信办印发《关于加快推动区块链技术应用和产业发展的指导意见》，明确提出"到 2025 年，区块链产业综合实力达到世界先进水平，产业初具规模。区块链应用渗透到经济社会多个领域，在产品溯源、数据流通、供应链管理等领域培育一批知名产品，形成场景化示范应用。……到 2030 年，区块链产业综合实力持续提升，产业规模进一步壮大。区块链与互联网、大数据、人工智能等新一代信息技术深度融合，在各领域实现普遍应用，培育形成若干具有国际领先水平的企业和产业集群，产业生态体系趋于完善"。因此，区块链成为建设制造强国和网络强国，发展数字经济，实现国家治理体系和治理能力现代化的重要支撑。我国企业目前在区块链技术及其产业发展上还存在短板，未来要把区块链作为核心技术自主创新的重要突破口，明确主攻方向，加大投入力度，着力攻克一批关键核心技术，加快推动区块链技术和产业创新发展。

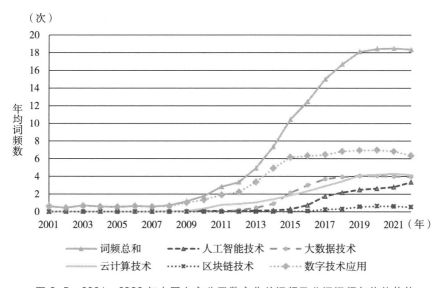

图 2-5　2001—2022 年中国上市公司数字化总词频及分词词频年均值趋势

从企业所有制的角度，由图 2-6 可以看出，国有企业和非国有企业数字化转型的总体趋势与图 2-2 基于测算方法一的情形非常相似，在 2012 年以后，两类企业的数字化转型水平都有了较大提升，且非国有企业开始明显领先于国有企业。

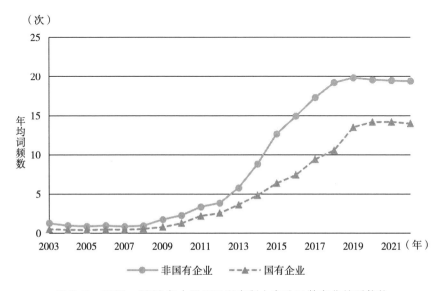

图 2-6　2003—2022 年中国不同所有制上市公司数字化转型趋势

从三大产业的角度，此处根据《国家统计局关于修订〈三次产业划分规定（2012）〉的通知》（国统设管函〔2018〕74 号）对三大产业的界定，将上市公司样本划分为三大产业，分别统计第一、二、三产业数字化转型情况。如图 2-7 所示，三大产业的数字化转型均从 2010 年以后开始实现较快增速，第三产业的数字化转型程度明显高于第二产业和第一产业。

更进一步，按照前文所述划分标准，将制造业企业样本按照要素密集度的不同，单独进行分析。结果如图 2-8 所示，其基本走势与图 2-3 大致相似，即 2010 年之后，三种要素密集型行业的数字化转型程度较之前的十年均有了较大提升；技术密集型行业的数字化转型程度显著高于劳动密集型行业和资本密集型行业；近年来劳动密集型行业数字化转型的速度有所放缓，资本密集型行业数字化转型程度与劳动密集型行业的差距在逐渐缩小。

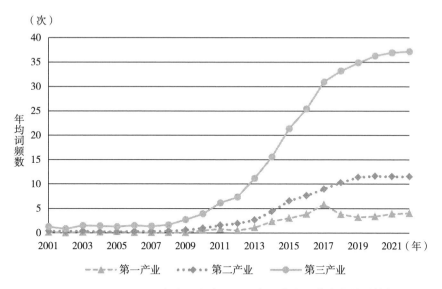

图 2-7　2001—2022 年中国上市公司所在三大产业数字化转型趋势

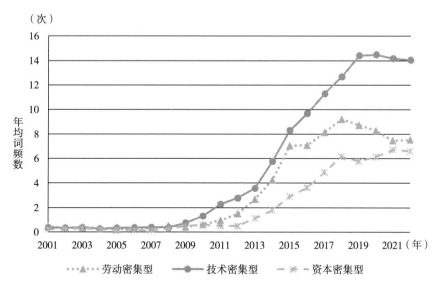

图 2-8　2001—2022 年中国不同要素密集度制造业上市公司数字化转型趋势

　　从上市公司地区分布的角度，同样将样本分为东部地区和中西部地区，如图 2-9 所示。显然，我国东部和中西部地区企业数字化转型趋势大体一致，2011 年之后都开始加速，但东部地区企业数字化转型程度始终高于中西部地区，且两者的差距近年来在不断扩大。

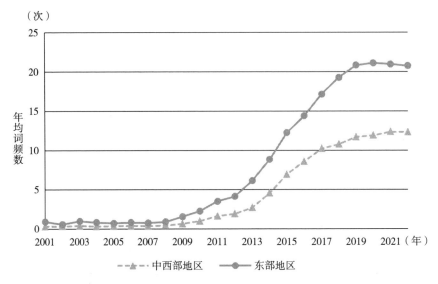

图 2-9　2001—2022 年中国上市公司数字化转型区域分布差异

（二）中国跨境并购企业数字化转型的特征事实

本部分对跨境并购企业的数字化转型情况进行特征事实分析，以期为第六章的实证分析提供描述性统计基础。首先，在国泰安 CSMAR 数据库中筛选了 2001—2022 年存在跨境并购行为的企业样本，进而基于企业的证券代码和年份信息与前文测算的上市公司数字化转型相关结果进行匹配，在此基础上进行统计分析。

1. 跨境并购企业数字化转型的时间特征

2001—2022 年跨境并购企业数字化转型总词频和各分词年均词频数呈现出波浪式增长态势，且在 2010 年以后，开始迅速提高，如图 2-10 所示。相较于其他四个维度，数字技术应用年均词频数在各年份均显著较高。近年来云计算技术得到更多的关注，词频数也有较快增长。一个显而易见的特征是，2020 年以来，总词频数及各维度年均词频数均有所下降，可能的原因是，一方面与通过跨境并购这一方式"走出去"的企业数目显著减少有关；另一方面受疫情及国内外复杂严峻的经济政治环境等因素的影响，"走出去"的企业受到资金、技术等方面的制约，在数字化转型方面的投入有所下降。

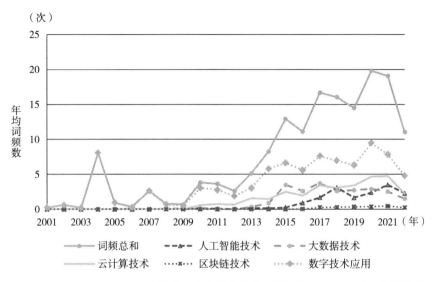

（次）

图 2-10 2001—2022 年跨境并购企业数字化转型总词频及分词年均词频数趋势

2. 跨境并购企业数字化转型的所有制结构分布特征

从所有制的角度来看，将跨境并购企业分为国有企业和非国有企业分别进行统计分析，结果如图 2-11 所示。总体而言，非国有企业的数字化转型年均词频数高于国有企业，尤其是在 2015—2019 年大量民营企业通过跨境并购"走出去"的这一段时期。国有企业数字化转型的年均词频数变化相对较为稳定，这与国有企业的所有制属性有关，在企业跨境并购和数字化转型决策中表现出较为审慎的态度。2019 年以后，两类企业的数字化转型年均词频数均有所下降，这与图 2-10 展示的跨境并购企业数字化转型的总体趋势保持一致。

3. 跨境并购企业数字化转型的行业分布特征

跨境并购企业的数字化转型在三大产业中均呈现出跌宕起伏、波浪式上升的态势，词频均值在各年份波动性加大，但总体呈现上升趋势，如图 2-12 所示。第三产业的词频均值数在各年份均明显高于第一、二产业，尤其是 2010 年以来，差距呈逐渐增大趋势。相较于第一、三产业，第二产业

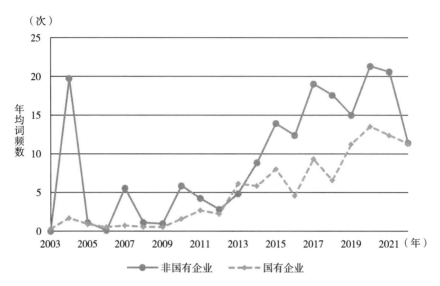

图 2-11 2001—2022 年不同所有制跨境并购企业数字化转型趋势

的数字化转型相对较稳定，呈现出较稳定的增长态势，体现出我国数字化转型在第二产业稳步推进的特征。而第一产业波动性最大，词频均值在个别年份高于第二产业，但 2017 年以来，显著低于第二产业。

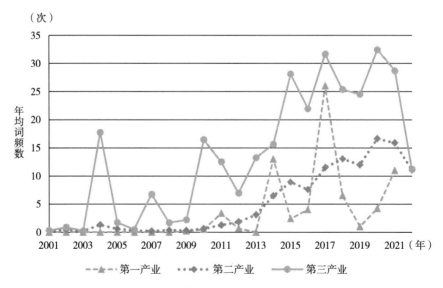

图 2-12 2001—2022 年跨境并购企业所在三大产业的数字化转型趋势

更进一步，图 2-13 展示了 2001—2022 年跨境并购企业数字化转型年均词频数前十大行业，从图 2-13 中可以看出，位居前列的分别是邮政业，软件和信息技术服务业，互联网和相关服务，文化艺术业，电信、广播电视和卫星传输服务，商务服务业这六大服务业行业。总体而言，服务业数字化转型程度确实优于制造业企业。计算机、通信和其他电子设备制造业在制造业企业中排名第一，这体现了信息技术作为数字化转型的重要驱动力，在数字化转型中发挥着重要的作用。我国较完备的制造业生产能力及超大规模市场优势，为信息传输、计算机软件和电子设备制造业的发展提供了生产技术支持和广阔的市场空间。

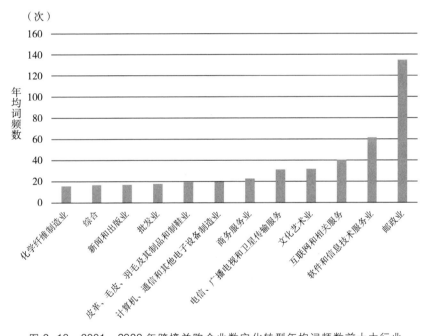

图 2-13 2001—2022 年跨境并购企业数字化转型年均词频数前十大行业

具体到跨境并购的制造业企业，同样依据前文所述方法，将制造业各细分行业按照要素密集度分为劳动密集型、技术密集型和资本密集型三类，并分别进行统计分析。从图 2-14 可以看出，总体而言，三类行业的跨境并购企业数字化转型在 2011 年以后呈现出较快的增长态势，虽部分年份存在波动，但总体呈现较稳定的上升趋势。技术密集型行业跨境并购企业的数字化转型要优于劳动密集型和资本密集型行业。与前文分析类似，2020 年以来，三类行业跨境并购企业的数字化转型词频均值都呈现下降趋势。

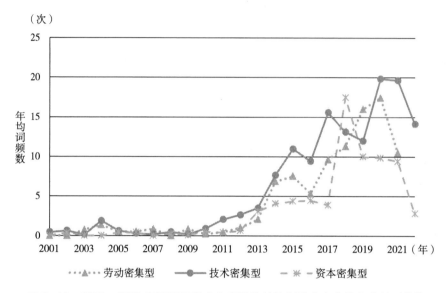

（次）

图 2-14　2001—2022 年不同要素密集度跨境并购制造业企业数字化转型趋势

4. 跨境并购企业数字化转型地区特征

东部地区的数字化转型程度明显高于中西部地区，呈现出我国跨境并购企业数字化转型的"东强西弱"特点，如图 2-15 所示。值得关注的是，近年来，东部地区跨境并购企业的数字化转型年均词频数呈现下降趋势，而中西部地区跨境并购企业的数字化转型年均词频数呈现出上升趋势，两者的差距在逐渐缩小。

三、基于测算方法三的特征事实

基于测算方法三，即陈东和郭文光（2024）的测算方法，此处对上市公司数字化转型程度进行统计分析。①

从上市公司数字化转型总词频数及其增长率来看，数字化转型总词频数

---

① 从前文两种方法的测算结果来看，企业数字化转型从 2010 年开始进入快速发展时期，鉴于此，此处主要描述 2010 年以来上市公司数字化转型程度。

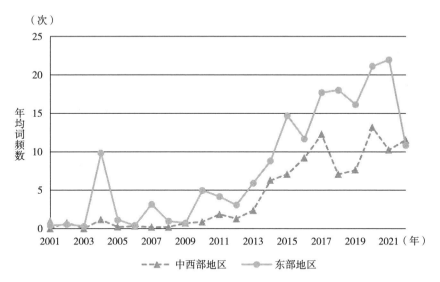

图 2-15 2001—2022 年跨境并购企业数字化转型的地区分布特征

一直处于稳步上升趋势，年增长率波动较大，尤其是在 2011—2015 年数字化转型快速发展的早期阶段，而在 2018 年以来，增长率趋于稳定，如图 2-16 所示。

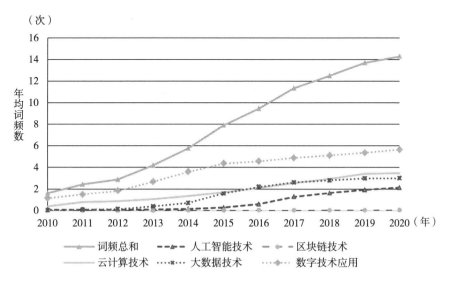

图 2-16 2010—2020 年中国上市公司数字化总词频及分词词频年均值趋势

从上市公司在五个维度数字化转型年均词频数来看，由图2-16可知，五个维度的词频数基本均处于稳步上升状态，这与图2-5较为一致。按照年均词频数从大到小，依次为数字技术应用、云计算技术、大数据技术、人工智能技术和区块链技术。

从数字化转型的企业所有制分布来看，图2-17展示了中国国有和非国有企业上市公司数字化转型的差异，与图2-2的结果较为一致，非国有企业上市公司的数字化转型程度显著高于国有企业。

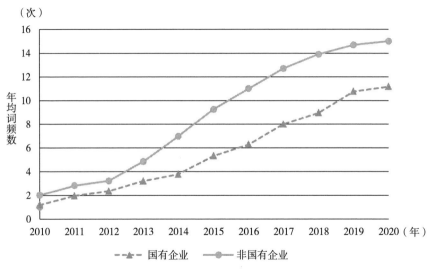

图2-17　2010—2020年我国不同所有权上市公司数字化转型趋势

从数字化转型在三大产业的分布情况来看，图2-18与图2-7的结果保持一致，即第三产业的数字化转型水平最高，且近年来增速较快；第二产业呈现稳步增长态势；而第一产业数字化水平稳定在较低的水平。

从数字化转型的具体行业分布来看，除了仪器仪表制造业（居第八位）之外，数字化转型水平居前十位的行业均为服务业行业；邮政业、软件和信息技术服务业居前两位，且数字化转型水平远高于其他行业，如图2-19所示。

同样，将制造业企业样本按照要素密集度的不同，分别考察其数字化转型水平，结果如图2-20所示，可以看到不同要素密集型制造业企业的数字

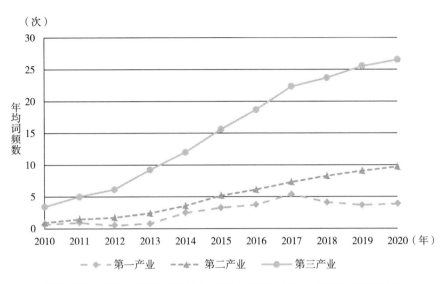

图 2-18　2010—2020 年我国上市公司所在三大产业的数字化转型趋势

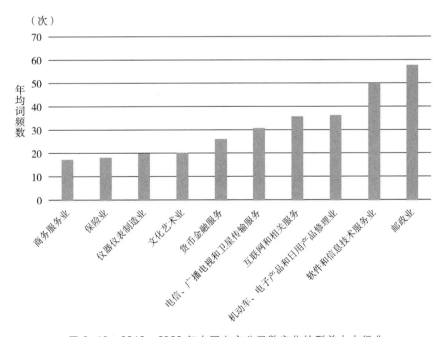

图 2-19　2010—2020 年中国上市公司数字化转型前十大行业

化转型发展态势，与图 2-3 和图 2-8 大致相似，呈现出技术密集型制造业企业引领数字化转型，劳动密集型制造业企业数字化转型水平高于资本密集型制造业企业数字化转型的基本特征。

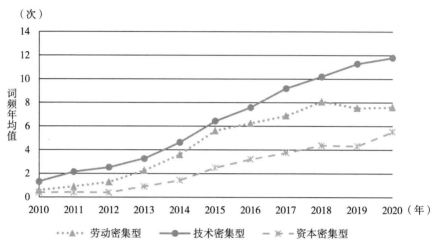

图 2-20　2010—2020 年中国不同要素密集度制造业企业数字化转型趋势

进一步地，从制造业细分行业来看，仪器仪表制造业、计算机、通信和其他电子设备制造业数字化转型程度居前两位，且词频数显著高于其他行业，如图 2-21 所示。这进一步体现了信息、通信技术作为数字化转型的重要驱动力，在数字化转型中发挥的重要作用。另外，家具制造业，皮革、毛皮、羽毛及其制品和制鞋业，纺织服装业等传统制造业行业的数字化水平也较高。

从数字化转型的地区分布来看，图 2-22 展示了我国上市公司数字化转型的区域分布情况，与图 2-4 和图 2-9 保持一致，数字化转型呈现"东强西弱"的特点，即东部地区的数字化转型程度相对较高，而中西部地区则相对较低。

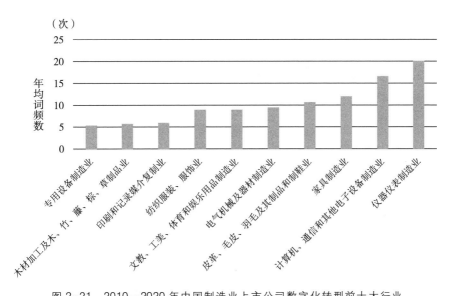

图 2-21　2010—2020 年中国制造业上市公司数字化转型前十大行业

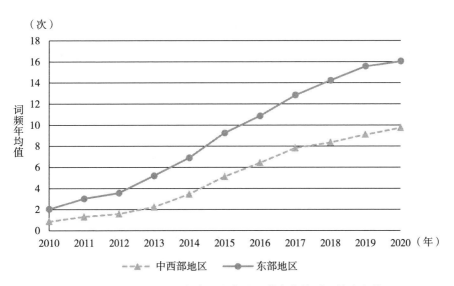

图 2-22　2010—2020 年中国上市公司数字化转型区域分布差异

第 三 章

中国企业国际化的特征事实分析

本章是对我国企业国际化特征事实的综合考察。改革开放四十多年来，中国外向型经济取得的成就举世瞩目。2001 年，中国加入世界贸易组织，对外开放进入历史新阶段。党的十八大以来，我国加快构建开放型经济新体制。2013 年，提出共建"一带一路"倡议，推动经济全球化健康发展。党的二十大报告指出，要坚持以推动高质量发展为主题，增强国内大循环内生动力和可靠性，提升国际循环质量和水平，实行更加积极主动的开放战略。在中国经济深度融入全球经济的过程中，中国企业也逐渐成长，出口贸易实现历史性跨越，对外直接投资深入推进。中国开放的大门越开越大，中国企业的国际化进程蓬勃发展。在双循环新发展格局下，稳外贸稳外资也变得尤为重要。基于本书的研究主题，本章分别对我国企业出口的微观特征事实、制造业企业出口技术复杂度的特征事实、我国企业跨境并购的特征事实进行总结，旨在为后面章节的具体研究奠定特征事实基础。

第一节 中国企业出口的微观特征事实分析

作为拉动经济增长的"三驾马车"之一，外贸在带动消费、扩大就业、促进经济增长方面发挥着重要作用。近年来，逆全球化思潮抬头、人口红利下降、地缘政治冲突不断等因素叠加背景下，寻求新动能推动出口贸易的稳定增长成为我国亟须解决的重要问题。本节旨在系统总结我国企业出口的微观特征，以期为后文的实证研究奠定基础。

本节的微观数据来源于中国海关进出口数据库以及国泰安 CSMAR 数据库，鉴于中国海关进出口数据库提供的企业层面微观数据目前更新到 2016 年，因此本节将研究区间放在 2001—2016 年。同时，为与下文的研究保持一致性，此处通过匹配中国海关进出口数据库和国泰安 CSMAR 数据库，将研究的样本设定为制造业上市公司出口企业，最终得到 1032 家上市公司的 397356 条出口观测值。

从出口规模来看，自加入世界贸易组织（WTO）以来，我国企业出口规模表现出强劲增长态势，除 2009 年受国际金融危机冲击有所下降之外，其他年份均保持稳健增长态势，年均增长率达到 25% 以上，如图 3-1 所示。

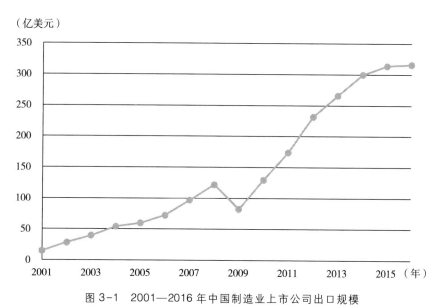

图 3-1　2001—2016 年中国制造业上市公司出口规模

数据来源：作者基于海关进出口数据库和国泰安 CSMAR 数据库测算得出。下同。

从出口行业来看，计算机、通信和其他电子设备制造业，黑色金属冶炼和压延加工业，电气机械和器材制造业三个行业的出口规模居前三位，且出口规模远高于其他制造业行业，占制造业前十大行业出口规模的 56%，如图 3-2 所示。

从出口的国别和地区分布来看，在此样本期内，美国依然是我国最大的

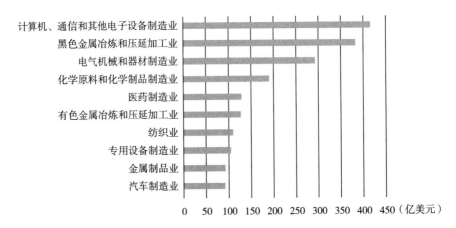

图 3-2　2001—2016 年中国制造业上市公司前十大出口细分行业

出口市场，且出口规模远高于其他国家和地区，占前十大出口伙伴国出口总规模的 30% 以上。其次为中国香港、韩国、日本、印度、意大利等，如图3-3 所示。

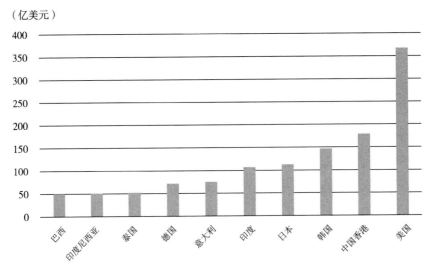

图 3-3　2001—2016 年中国制造业上市公司出口的国别和地区分布 TOP10

　　从地区分布情况来看，我国东、中、西部出口规模存在显著差异，地区分布极不平衡。东部地区出口规模远高于中、西部地区，在我国出口中起到引领作用；东部地区的出口规模约为中部地区的 3.6 倍，而中部地区的出口规模约为西部地区的 2.67 倍，如图 3-4 所示。进一步从省份分布来看，广东省、浙江省、江苏省、上海市和河南省居前五位，在样本期内的出口规模均在 200 亿美元以上，约占前十大出口省份的出口总规模的 77%，如图 3-5 所示。

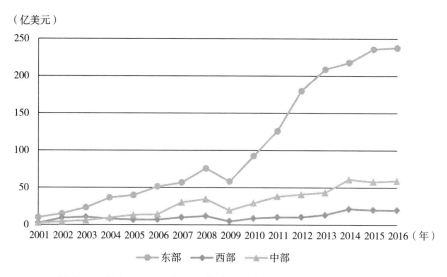

图 3-4　2001—2016 年中国制造业上市公司出口的地区分布情况

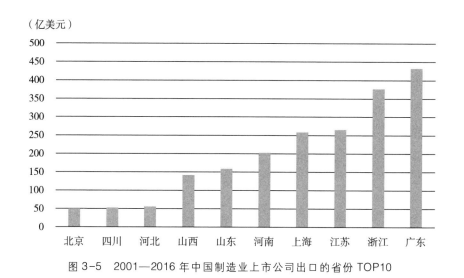

图 3-5　2001—2016 年中国制造业上市公司出口的省份 TOP10

从出口企业的所有制性质来看，非国有企业的出口规模远高于国有企业，非国有企业是引领中国出口的主力军，如图3-6所示。样本期内非国有上市公司出口总额为2184亿美元，而国有上市公司的出口额仅为118亿美元；非国有企业的年均增长率约为25.8%，而国有企业的年均增长率约为31.1%，均保持了较稳定的增速。

（亿美元）

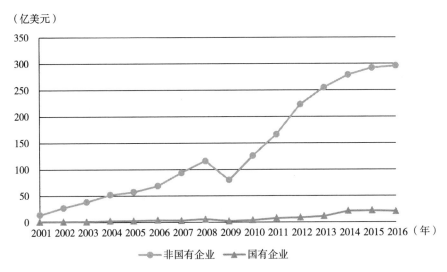

图3-6　2001—2016年中国制造业不同所有制上市公司的出口情况

第二节　制造业企业出口技术复杂度的特征事实分析

一、制造业企业出口技术复杂度的测算

出口技术复杂度由豪斯曼等（Hausmann, et al., 2007）提出，强调产品间的技术含量差异，主要用来评价不同国家（地区）贸易产品的技术水平，能客观反映一国或地区对外开放过程中参与全球价值链分工的程度，是衡量出口升级的重要指标（毛其淋，2019）①。本书借鉴盛斌和毛

———————

① 毛其淋：《人力资本推动中国加工贸易升级了吗?》，《经济研究》2019年第1期。

其淋（2017）[①] 对豪斯曼等（Hausmann, et al., 2007）方法的拓展，对企业层面的出口技术复杂度进行测算，步骤如下。

首先，计算某一产品 k 的出口技术复杂度：

$$PRODY_k = \sum_c \frac{(x_{ck}/X_c)}{\sum_c(x_{ck}/X_c)} \cdot pcgdp_c \qquad (3.1)$$

具体来说，公式（3.1）中的下标 k、c 分别表示 HS6 位码的产品和国家，x_{ck} 指 c 国出口 k 产品的贸易额，X_c 指的是 c 国的总出口贸易额，因而，x_{ck}/X_c 表示 c 国 k 产品的出口贸易额占总出口贸易额的比例，$pcgdp_c$ 指 c 国的实际人均 GDP。

其次，使用公式（3.2）计算某一企业 i 的出口技术复杂度（esi）：

$$esi_i = \sum_k\left(\frac{x_{ik}}{X_i}\right) \cdot PRODY_k \qquad (3.2)$$

其中，x_{ik} 表示 i 企业 k 产品的出口贸易额，X_i 表示 i 企业的总出口贸易额，因而，x_{ik}/X_i 表示 i 企业出口 k 产品的贸易份额。

上述方法遵循了豪斯曼等（Hausmann, et al., 2007）对出口技术复杂度的测算逻辑，但是这种测算方法并未充分考虑不同出口产品的质量差异。即便是属于同一 HS6 位码分类下的产品，其质量仍可能存在差距性。如果某个国家或地区出口的是 HS6 位码类别中的相对低质量的产品，使用豪斯曼等（Hausmann, et al., 2007）的测算方法则可能会造成对该国家或地区出口技术复杂度的高估。

为了确保实证结论的稳健性，本书借鉴许（Xu, 2007）的做法，在出口技术复杂度的测算中，加入对产品质量的调整。具体步骤如下。

首先，利用公式（3.3）计算 k 产品的单位价值，测度其质量水平：

$$quality_{ck} = price_{ck}/\sum_n(\mu_{nk} \cdot price_{nk}) \qquad (3.3)$$

其中，$price_{ck}$ 表示 c 国 k 产品的出口价格；μ_{ck} 则表示 c 国 k 产品的出口占全球 k 产品出口的比例，因此，$quality_{ck}$ 衡量的是 c 国 k 产品的相对出口价格指

---

① 盛斌、毛其淋：《进口贸易自由化是否影响了中国制造业出口技术复杂度》，《世界经济》2017 年第 12 期。

数，该指数越高，表示 k 产品的质量越高。

其次，通过相对出口价格指数对 k 产品的出口技术复杂度进行调整：

$$PRODY_k^{adj} = (\ quality_{ck}\ )^\lambda \cdot PRODY_k \tag{3.4}$$

此处借鉴王永进等（2010）① 的做法，设定 λ 为 0.2。

最后，对经过产品质量调整的企业出口技术复杂度（ESI）进行计算：

$$ESI_i = \Sigma_k(\frac{x_{ik}}{X_i}) \cdot PRODY_k^{adj} \tag{3.5}$$

二、制造业企业出口技术复杂度的测算结果分析

（一）总体趋势分析

图 3-7 展示了我国制造业企业出口技术复杂度的发展趋势，通过制造业企业年度均值计算而来。② 从时间趋势来看，2010—2012 年，我国制造业上市公司出口技术复杂度比较曲折波动，但 2012 年之后始终保持了较快的上升趋势。

（二）制造业企业出口技术复杂度的数字化差异

根据前文测算的制造业企业数字化转型指数，此处把制造业企业划分为数字化转型企业和非数字化转型企业，分别讨论了两类企业的出口技术复杂度在样本区间内的变化趋势，相关结果如图 3-8 所示。

由图 3-8 可知，2010—2016 年，我国非数字化制造业企业的出口技术复杂度显著高于数字化企业的出口技术复杂度，但两者出口技术复杂度的差距在 2012 年之后呈现出逐渐减小的趋势。

（三）制造业企业出口技术复杂度的企业性质差异

从企业所有权性质的视角，本书区分国有企业和非国有企业两类，并对

---

① 王永进等：《基础设施如何提升了出口技术复杂度?》，《经济研究》2010 年第 7 期。

② 鉴于下文实证分析中需使用上市公司数据，而我国上市公司于 2007 年 1 月 1 日开始使用新的会计准则体系，而且与本书研究内容相关的部分指标仅从 2008 年开始进行统计；2008 年和 2009 年受国际金融危机影响，出口波动较大，同时我国企业的数字化转型从 2010 年开始进入快速发展时期，因此，样本期的起点设置为 2010 年；鉴于中国海关在 2016 年之后不再公布企业层面相关数据，因此，此处对企业出口技术复杂度的测算截至 2016 年。

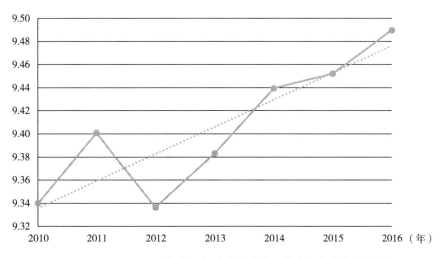

图 3-7　2010—2016 年中国制造业企业出口技术复杂度均值趋势

数据来源：作者基于样本数据测算所得。下同。

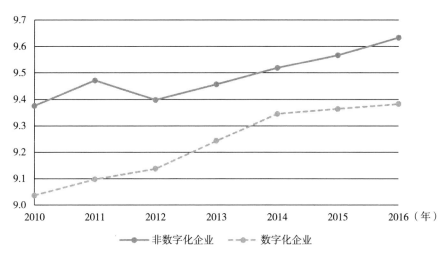

图 3-8　2010—2016 年中国数字化与非数字化制造业企业出口技术复杂度差异

两类企业在样本区间内出口技术复杂度情况进行了统计描述。由图 3-9 可知，2010—2016 年，国有企业和非国有企业的出口技术复杂度呈现波动上升的趋势，具体来看，2010—2012 年，两者差距不大，波动趋势相似，而 2012 年之后，国有企业的出口技术复杂度一直领先于非国有企业，不过

2015 年国有企业的出口技术复杂度略有下降，而非国有企业则呈现较明显的上升趋势。

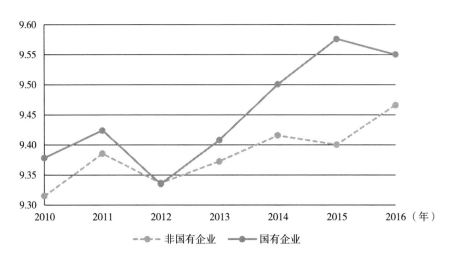

图 3-9　2010—2016 年中国制造业不同所有制企业出口技术水平差异

（四）制造业企业出口技术复杂度的行业差异

考虑到制造业企业在要素密集度上存在较大差异，为探究其出口技术复杂度情况，本书参考李雪冬等（2018）① 的做法，将制造业各细分行业分为劳动密集型行业、资本密集型行业和技术密集型行业三类，并对样本期内其出口技术复杂度情况进行统计描述。

2010—2016 年，我国三类行业的出口技术复杂度表现出较稳定的差异，如图 3-10 所示。资本密集型行业的出口技术复杂度最高，其次为技术密集型行业，最低的为劳动密集型行业。三类行业企业的出口技术复杂度大致都呈现出增长态势，尤其是劳动密集型行业，2015 年以来有了较大提升，而技术密集型行业与资本密集型行业出口技术复杂度的差距在逐渐缩小。

---

① 李雪冬等：《互联网发展与制造业生产率提升：内在机制与中国经验》，《数量经济技术经济研究》2018 年第 5 期。

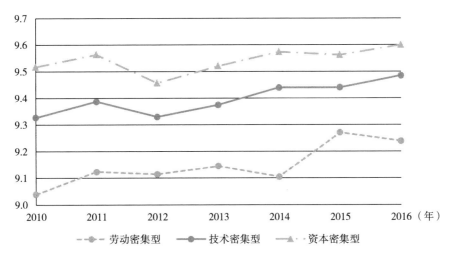

劳动密集型 技术密集型 资本密集型

图 3-10 2010—2016 年中国制造业企业出口技术复杂度行业分布

第三节 中国企业跨境并购的特征事实分析

随着改革开放的不断深入，我国企业的国际化水平不断提高，同时我国的对外直接投资政策也在不断演变。由最初的严格限制外资进入到积极吸引外资，到鼓励企业"走出去"进行对外直接投资，再到党的十九大报告提出"引进来和走出去并重"①，无论是吸收外国直接投资还是对外直接投资都取得了一定的成果。近年来，我国对外直接投资规模稳居世界前列，企业竞争力得到极大提升，根据《中国对外直接投资统计公报（2023）》，2023年，中国对外直接投资流量 1772.9 亿美元，比上年增长 8.7%，为历史第三高值，占全球份额的 11.4%，较上年提升 0.5 个百分点；但同时我国国际化企业面临的外部环境正在发生深刻变化，部分发达国家加大对外国企业投资的审查力度，我国企业"走出去"面临新的挑战。作为对外直接投资的重要方式，自 20 世纪 80 年代我国企业的跨境并购活动日趋活跃，至今已走过40 多年的历程，引起世界瞩目。跨境并购逐渐成为中国企业迅速获取海外

---

① 《中国共产党第十九次全国代表大会文件汇编》，人民出版社 2017 年版，第 28 页。

市场、资源和技术，提高企业国际化水平和国际竞争力的重要途径。

一、中国企业跨境并购的总体发展趋势

自 20 世纪 90 年代以来，联合国贸发会议每年都对世界各国（地区）跨境并购的交易数目和金额进行统计。需要说明的是，在联合国贸发会议对跨境并购数目和金额的统计中，排除了撤资行为，因此代表跨境并购的净值。①同时，它统计的是参与收购股权在 10% 以上的收购案例。1990—2023 年间中国跨境并购的净交易数目和净交易金额，如图 3-11 和图 3-12 所示。

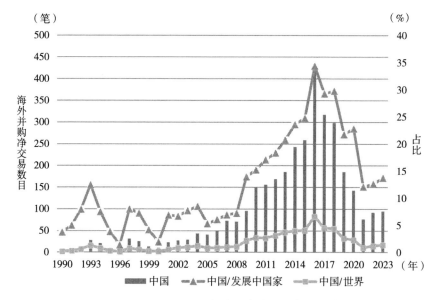

图 3-11　1990—2023 年中国海外并购净交易数目

数据来源：联合国贸发会议：《世界投资报告（2024）》。

可以看出：

第一，中国跨境并购净交易数目和交易金额总体都呈现出先增长后下降

---

① 联合国贸发会议注解如下：All values and numbers referring to cross-border M&As in the World Investment Report and its web annex tables are presented on a net basis. Net cross-border M&As are calculated considering sales of companies in a host economy to foreign MNEs. It excludes sales of foreign affiliates (already owned by foreign MNEs) to other foreign MNEs. Divestments (sales of foreign affiliates to domestic firms) are subtracted from the value (number).

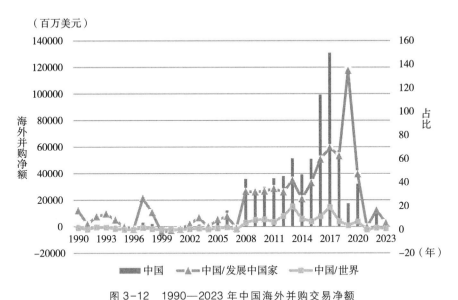

图 3-12 1990—2023 年中国海外并购交易净额

数据来源：联合国贸发会议：《世界投资报告（2024）》。

的趋势。在 2002 年之前，并购规模并不稳定，净并购数目平均为每年 15 笔左右，而只有少数几年突破了 20 笔；净并购金额甚至出现负值，即中国企业海外并购的金额小于其他国家对中国发生的并购额。然而，2002—2017年，无论是并购数目还是并购金额都基本呈现出逐年增长的态势。净并购交易数 2002 年突破 25 笔，之后每年都保持在 30 笔之上。尤其是 2006 年以来持续快速增长，2007 年突破 60 笔，2010 年又有一个大幅度增长，从 2009年的 96 笔提高到 150 笔，且在此之后的两年依然稳步提高，到 2012 年达到165 笔，2016 年达到历史最高值 438 笔。从并购金额来看，2002 年再次突破10 亿美元，走出了 20 世纪 90 年代后期的低谷，2008 年以来，跨境并购净额始终维持在较大规模，大致呈现出逐年升高的趋势，在 2017 年更是突破1000 亿美元。但 2017 年后，从并购数目来看，中国企业海外并购净交易数目不断下降，2019 年降低为 185 笔，2021 年持续下降仅有 77 笔，但从图3-17 中可以看到，2022 年和 2023 年的并购数目有所上升。从并购金额来看，自 2017 年以来，中国跨境并购净额呈现起起伏伏的状态，2019 年及2021 年并购金额有所下降，但 2020 年及 2022 年都呈现出上升趋势。这也体现出我国企业在政府"走出去"战略以及"一带一路"倡议推动下，在海外市场正迅速成长为积极的收购方。

第二，近年来，中国跨境并购净交易数目和交易金额在发展中国家和全球所占的份额都呈现出先上升后下降的趋势。1990年净并购数目和金额占世界净并购数目和金额的比重分别为0.19%和1.37%，占发展中国家净并购数目和金额比重分别为3.48%和16.03%；到2017年，在全球并购活动中所占比重分别达到4.55%和18.86%，在发展中国家并购活动中所占比重分别达到27.76%和65.01%，均达到历史最高水平；2018年，并购数目在全球所占比重与2017年基本相当，而在发展中国家中所占比重比2017年略有上升，达28.71%，从并购金额来看，2018年较2017年下降较多，在发展中国家占比降至59.55%，在全球占比下降至7.04%；2019年以来，虽然中国海外并购交易净数目和净额有所下降，但在发展中国家并购活动中所占比重仍处于较高地位，尤其是2019年，中国海外并购交易净额占发展中国家交易净额的81.91%，达历史新高；2020年净并购数目和金额占世界净并购数目和金额的比重分别为2.31%和6.76%，占发展中国家净并购数目和金额比重分别为22.80%和46.95%；2021年在全球并购活动中所占比重分别达到0.90%和0.12%，在发展中国家并购活动中所占比重分别达到12.13%和2.12%，在近几年中最低；2022年中国海外并购交易数目和交易净额都有所上升，净并购数目和金额占世界净并购数目和金额的比重分别为1.19%和1.35%，占发展中国家净并购数目和金额比重分别为12.60%和16.37%。可以说，中国已经成为发展中国家"走出去"的引领者，对发展中国家企业的海外经营发挥着越来越重要的导向作用。尽管在近几年的世界并购活动中，中国跨境并购数目和并购金额有所下降，但从2022年的情况来看，中国的海外并购情况有所好转，在世界及发展中国家跨境并购数目和并购金额所占比重呈现上升的趋势。以此势头发展下去，中国海外并购有望在全球国际直接投资舞台上发挥更大的作用。

自2017年以来，中国企业跨境并购交易数量及交易规模整体呈下降趋势。《中国对外直接投资统计公报（2023）》显示，2022年，中国对外投资并购实际交易总额 200.6 亿美元，同比下降 37%；2023 年，对外投资并购实际交易总额 205.7 亿美元，较上年增长 2.5%，但仍为 2010 年以来第二低位，如表 3-6 所示。究其原因，主要有以下几点：首先，近年来国际政治经济环境的不确定性和复杂性不断加剧，各国政府出于对国家安全和公共秩序的考虑，逐步引入或者加强对外国直接投资的审查制度，特别是新冠疫情和俄乌冲突后，许多国家意识到其国内经济的脆弱性，先后推出新的政策或修正案审查外国投资，监管范围和执法力度出现了"历史上前所未有"的增势。各主要发达经济体在对外商投资对本国产业、技术、数据、资源和财富安全的敏感度不断提升，叠加地缘政治的博弈的推动，主要发达国家投资审查和反垄断审查加强，国际并购的政策风险和法律风险明显增加。这使得中国企业跨境并购面临了更高的风险和更多的不确定性，增加了中国企业跨境并购的交易成本和难度。其次，中国经济发展进入新常态，调整升级的压力逐渐增大。国内宏观经济环境的调整和转型，加之国家对实体经济支持力度的加大，致使原本计划在海外投资的资金和资源被国内的项目所吸引。此外，一些大型国有企业和私营企业的资本回流，也增加了国内企业投资的竞争力和优势。最后，中国企业跨境并购的内部问题也是导致交易总金额下降的原因之一。2016 年前，一些企业跨境并购的行为过于冒进和盲目，存在过高估值、过度杠杆和财务风险等问题，导致部分跨境并购案例的失败和负面效应。这也促使监管部门对中国企业跨境并购进行更为严格的监管和审查。

表 3-1　2004—2023 年中国企业跨境并购情况

年份	并购金额（亿美元）	同比（%）	比重（%）
2004	30.0	—	54.4
2005	65.0	116.7	54.0
2006	82.5	26.9	39.0
2007	63.0	−23.6	23.8
2008	302.0	379.4	54.0
2009	192.0	−36.4	34.0

年份	并购金额（亿美元）	同比（%）	比重（%）
2010	297.0	54.7	43.2
2011	272.0	-8.4	36.4
2012	434.0	59.6	31.4
2013	529.0	21.9	31.3
2014	569.0	7.6	26.4
2015	544.4	-4.3	25.6
2016	1353.3	148.6	44.1
2017	1196.2	-11.6	21.1
2018	742.3	-37.9	21.7
2019	342.8	-53.8	12.6
2020	282	-17.7	10.7
2021	318.3	12.9	11.4
2022	200.6	-37.0	9.3
2023	205.7	2.5	9.5

数据来源：商务部：《中国对外直接投资统计公报（2023）》。

为了更好地考察我国在全球跨境并购市场上所处的位置，本书以最新数据2023年为例，通过图3-13和图3-14分别展示了我国与全球主要经济体跨境并购净交易数目和净交易额的对比。从净交易数目来看，发达国家是发展中国家的七倍还多；各大洲中，欧洲和北美洲的交易数目遥遥领先，亚洲居第三位，但远远低于居第二位的北美洲；从各国来看，居前七位的都是发达经济体，排名第七位的德国净交易数目是中国的两倍还多；中国未进入前十位。

从跨境并购的净交易额来看，发达国家净交易额为2959亿美元，较2022年下降了近3400亿美元，而与发展中国家的净交易额仅为726亿美元，较2022年提高了144亿美元，发达国家仍为发展中国家的四倍；前者是后者的近十倍；从各大洲分布来看，北美洲居首位，欧洲居第二位，亚洲居第三位；从各国分布来看，美国仍占据首位，日本和加拿大分别居第二、三位，排名第七位的法国净交易金额是中国的三倍还多；中国未进入前十位。

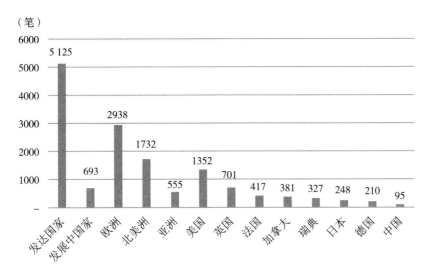

图 3-13　2023 年中国与全球主要经济体跨境并购净交易数目比较

数据来源：联合国贸发会议：《世界投资报告（2024）》。

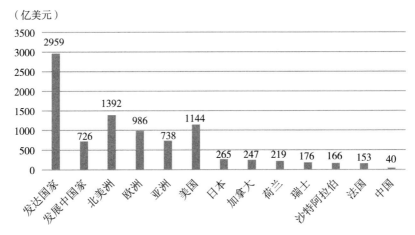

图 3-14　2023 年中国与全球主要经济体跨境并购净额比较

数据来源：联合国贸发会议：《世界投资报告（2024）》。

二、我国企业跨境并购的区域分布特点

中国对外直接投资显示出向亚洲和非发达国家集中的特征，根据《中国对外直接投资统计公报（2023）》，截至 2023 年，中国对外直接投资存

量的地区分布情况显示：亚洲占 68.2%、拉丁美洲占 20.3%，欧洲占 5.0%，北美洲占 3.7%，非洲占 1.4%，大洋洲占 1.4%。中国对外直接投资存量的近九成分布在发展中经济体。2023 年末，中国在发展中经济体的投资存量为 26456.9 亿美元，占 89.5%，在亚洲、拉丁美洲的累积投资存量占比达到 88.5%；而对发达国家（地区）的投资存量仅 10.5%。① 具体而言：

2023 年，中国企业对外投资并购分布在全球 53 个国家（地区）。从并购金额看，新加坡、开曼群岛、中国香港、印度尼西亚、波兰、美国、韩国、英国、德国、老挝位列前十。

2022 年，中国企业对外投资并购分布在全球 56 个国家（地区）。从并购金额来看，开曼群岛、巴西、中国香港、阿根廷、英国、新加坡、英属维尔京群岛、津巴布韦、加拿大、美国位列前十。

2021 年，中国企业对外投资并购分布在全球 59 个国家（地区）。从并购金额来看，中国香港、开曼群岛、智利、巴西、百慕大群岛、印度尼西亚、美国、西班牙、新加坡、德国位列前十。

2020 年，中国企业对外投资并购分布在全球 61 个国家（地区）。从并购金额来看，秘鲁、美国、智利、中国香港、开曼群岛、加拿大、法国、巴西、尼日利亚和阿曼位列前十。

2019 年，中国企业对外投资并购分布在全球 68 个国家（地区）。从并购金额来看，芬兰、德国、英属维尔京群岛、法国、巴西、中国香港、开曼群岛、英国、秘鲁和新加坡位列前十。

表 3-2　2018—2022 年中国企业对外投资并购十大目的地（按并购金额）

序号 年份	2023 年	2022 年	2021 年	2020 年	2019 年
1	新加坡	开曼群岛	中国香港	秘鲁	芬兰
2	开曼群岛	巴西	开曼群岛	美国	德国

① "发展中国家（地区）"是指扣除联合国贸发会议《世界投资报告》中确定的发达国家以外的所有国家（地区）。我国香港地区也被计入发展中国家（地区）中。

续表

年份 序号	2023 年	2022 年	2021 年	2020 年	2019 年
3	中国香港	中国香港	智利	智利	英属维尔京群岛
4	印度尼西亚	阿根廷	巴西	中国香港	法国
5	波兰	英国	百慕大群岛	开曼群岛	巴西
6	美国	新加坡	印度尼西亚	加拿大	中国香港
7	韩国	英属维尔京群岛	美国	法国	开曼群岛
8	英国	津巴布韦	西班牙	巴西	英国
9	德国	加拿大	新加坡	尼日利亚	秘鲁
10	老挝	美国	德国	阿曼	新加坡

数据来源：中华人民共和国商务部《中国对外直接投资统计公报（2023）》。

根据商务部历年《中国对外直接投资统计公报》的数据，表 3-2 统计了 2019—2023 年中国企业对外投资并购的前十大目的地。可以看出，并购前十大目的地出现次数比较多的是中国香港、巴西、开曼群岛、美国、新加坡、智利、德国、法国、英属维尔京群岛、百慕大群岛和秘鲁。值得注意的是，2023 年中国企业对共建"一带一路"国家实施并购项目 111 个，并购金额 121.3 亿美元，占并购总额的 59%，其中，新加坡、印度尼西亚、波兰、韩国和老挝等国吸引中国企业投资并购规模均超 5 亿美元。另外，在中国企业并购发展过程中，中国香港扮演着重要角色。香港作为中国的特别行政区，拥有独特的政治、经济和地理优势。其金融市场成熟、法律制度完善，且与中国内地有着紧密的联系。中国香港是中国内地市场与全球市场的中转站，为内地资本与国际资本搭起桥梁。因此，香港成为中国内地企业跨境并购的重要目的地之一，有助于企业更好地融入国际市场，实现资本和资源的优化配置。而巴西和智利，这两个南美洲国家拥有丰富的自然资源和庞大的消费市场，中国企业通过并购当地企业，可以获得优质的资源，同时拓展南美洲市场，提高品牌知名度和市场份额。对于开曼群岛、英属维尔京群岛和百慕大群岛，这些地区被称为"避税天堂"，以其低税率、良好的商业环境和灵活的法律制度吸引了全球企业，中国企业选择在这些地区进行并购，往往是为了实现税务优化、资本运作和风险管理等目的。

三、中国企业跨境并购的行业分布特点

中国企业 2023 年跨境并购的行业分布情况如表 3-3 所示。数据显示，2023 年中国企业对外投资并购涉及制造业、租赁和商务服务业、信息传输/软件和信息技术服务业、采矿业、科学研究和技术服务业、电力/热力/燃气及水的生产和供应业、批发和零售业等 17 个行业大类。从并购金额上看，制造业、租赁和商务服务业、信息传输/软件和信息技术服务业位居前三位，并购金额总计 134.6 亿美元，占比 65.4%，其中，制造业并购金额为 77.2 亿美元，居首位；租赁和商务服务业并购金额为 33.7 亿美元，居第二位；信息传输/软件和信息技术服务业并购金额为 23.7，居第三位。从并购数量来看，制造业、科学研究和技术服务业、批发和零售业位居前三，并购数量总计 215 起，占比 56.1%，其中，制造业并购数量为 127 起，居首位；科学研究和技术服务业并购数量为 45 起，居次席；批发和零售业并购数量为 43 起，居第三位。

表 3-3 2023 年中国企业跨境并购行业构成

行业类别	数量/起	数量占比/%	金额/亿美元	金额占比/%
制造业	127	33.2	77.2	37.5
租赁和商务服务业	29	7.6	33.7	16.4
信息传输/软件和信息技术服务业	38	9.9	23.7	11.5
采矿业	29	7.6	16.5	8
科学研究和技术服务业	45	11.7	13.2	6.4
电力/热力/燃气及水的生产和供应业	15	3.9	12.7	6.2
批发和零售业	43	11.2	7.9	3.9
房地产业	4	1.0	6	2.9
农/林/牧/渔业	5	1.3	5.9	2.9
交通运输/仓储和邮政业	25	6.5	2.7	1.3

续表

行业类别	数量/起	数量占比/%	金额/亿美元	金额占比/%
住宿和餐饮业	7	1.8	2.1	1
建筑业	4	1.0	1.1	0.5
教育	2	0.5	1.1	0.5
金融业	3	0.8	1.0	0.5
制造业	127	33.2	77.2	37.5
其他	7	1.8	0.9	0.5
合计	483	100.0	200.6	100.0

资料来源：中华人民共和国商务部《中国对外直接投资统计公报（2023）》。

四、中国A股上市公司跨境并购的特征事实[①]

（一）我国A股上市公司跨境并购总体趋势

从前文描述可知，中国企业跨境并购始于20世纪90年代。1982—1991年处于起步阶段，在这一阶段中国企业跨境并购规模较小；1992—2001年处于稳定发展时期，经历了在海外市场的十年探索后，中国企业跨境并购逐步扩大；2002年至今处于迅速发展时期，中国企业的跨境并购活动呈现出迅猛的发展态势。特别是在2001年中国正式成为世界贸易组织成员国后，政府相关部门迅速展开了一系列政策调整，旨在为中国企业"走出去"提供有力的政策支撑和平台。

在中国企业跨境并购的浪潮中，A股上市公司日趋成为一支令人瞩目的力量。为了追求业绩和市值的增长，同时得益于多样化的融资渠道所带来的便利，A股上市公司常常是并购市场上重大交易的主力军。如图3-15所示，我国A股上市公司跨境并购的规模从2001年到2016年总体处于增长趋势，2016年的并购规模超过850亿美元，从2017年开始跨境并购规模有所下降，主要原因可能是：首先，全球经济增长放缓，国际市场竞争加剧，使得一些

---

　　①　鉴于后文实证分析专注于研究跨境并购的上市公司，因此本部分也对上市公司的跨境并购行为进行统计分析。

潜在的并购目标价格上升，增加了企业的投资成本。其次，全球贸易保护主义抬头，一些国家采取了更加严格的监管措施，限制了跨境并购的机会。2020 年规模持续下降，受新冠疫情的影响，疫情暴发导致全球经济不稳定，许多国家实施了封锁和限制措施，这对跨境交易和商业活动产生了重大影响。由于旅行限制和供应链中断，企业面临更多的不确定性和风险，因此可能会推迟或取消原本计划中的跨境并购。此外，疫情还导致了全球市场的波动和不确定性，使得企业更加谨慎对待跨境并购的决策。2021 年跨境并购规模增大，其原因可能是随着全球疫苗接种进展和疫情控制的改善，全球经济逐渐复苏，市场活动逐渐恢复正常，这为跨境并购提供了更好的环境。随着中国经济的持续增长，企业的实力和信心也在不断增强，这使得它们更有能力进行跨境并购活动。此外，中国政府也在一些领域放宽了对企业境外投资的限制，鼓励和支持企业积极参与跨境并购。

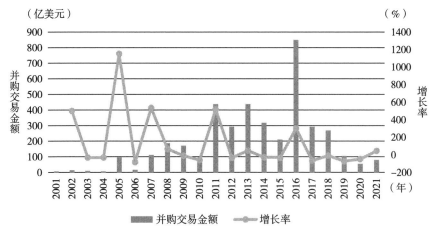

图 3-15　2001—2021 年 A 股上市公司跨境并购交易金额

数据来源：汤姆森数据库、《上市公司并购重组年度报告》。

（二）中国 A 股上市公司跨境并购的特点

随着我国经济的迅猛增长和资本市场的持续深化改革，A 股市场在过去几十年里取得了巨大的成就。作为我国主要的股票市场，A 股市场不仅具有重要的经济价值，还承担着多种功能，为经济发展和投资者提供了广阔的机遇。许多 A 股上市公司想通过跨境并购来实现国际化战略，进一步拓展市场和提升竞争力。下面将从中国 A 股上市公司跨境并购的行业分布、地区分布和区域（国别）分布三个方面具体阐述中国 A 股上市公司跨境并购的特点。

1. 行业分布特点

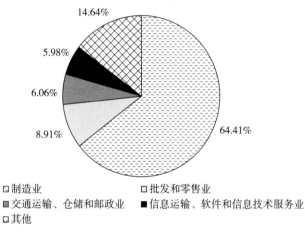

图 3-16　2001—2021 年 A 股上市公司跨境并购的行业分布

数据来源：由国泰安 CSMAR 数据库跨境并购数据整理得出。

2001—2021 年 A 股上市公司跨境并购的行业分布情况如图 3-16 所示，以项目交易金额为标准进行排序，中国跨境并购的前四大行业依次是制造业，批发和零售业，交通运输、仓储和邮政业，以及信息运输、软件和信息技术服务业。其中制造业占比为 64.41%，是我国主要进行跨境并购的行业，其原因主要是中国制造业发展水平较高，拥有先进的技术和成熟的供应链体系，这使得中国在进行跨境并购时能更好地整合资源、提高效率和降低成本，同时国际市场需求较大，中国制造业企业进行跨境并购也可以在全球市场中保持优势。

批发和零售业跨境并购规模占比为 8.91%，排名第二位，主要是因为中国庞大的人口基数和不断增长的中产阶级消费者群体推动了批发和零售市场的迅速扩大。随着收入水平的提高，消费者对各类商品和服务的需求也不断增加；中国的批发和零售企业在国内市场积累了丰富的品牌和渠道资源，通过跨境并购，这些企业可以将自身的品牌和渠道优势拓展至海外市场，实现全球化战略布局；批发和零售业涉及供应链的各个环节，包括生产、采购、运输和销售等，通过并购，中国企业可以整合跨境供应链，实现成本优化和资源共享。

交通运输、仓储和邮政业在中国跨境并购的项目交易金额排名中居第三位，占比 6.06%。原因是交通运输、仓储和邮政业是国家基础设施建设和物流运输体系的重要组成部分，对国家经济发展和贸易流通起着关键作用。因此，企业选择这些领域进行跨境并购，可以与国家发展战略相契合，提升我国物流体系的国际竞争力。随着全球贸易的扩大和电子商务的快速发展，物流需求不断增加，交通运输、仓储和邮政业在满足市场需求方面具有巨大潜力，尤其是在全球供应链和跨境电商中发挥重要作用。企业通过跨境并购可以获得对这些市场的直接进入，并利用其规模和资源优势，满足不断增长的市场需求。

排名第四的信息运输、软件和信息技术服务业占比为 5.98%，信息技术服务业在全球范围内发展迅速，其在企业数字化转型、数据分析、云计算、人工智能等方面具有重要作用。我国企业为了获取先进的技术和创新能力，通过跨境并购来引进和掌握相关技术，进而提升企业竞争力。中国是全球最大的互联网市场之一，信息技术服务业在国内市场有巨大的需求。跨境并购能够帮助企业实现市场份额的拓展，进一步满足国内用户对信息运输、软件和信息技术服务的需求。跨境并购可以帮助企业整合目标公司的资源，包括技术、人才、市场渠道等，进一步提升企业的生产能力和规模经济效益。同时，跨境并购也可以帮助企业实现海外市场的拓展，增强企业在全球市场上的角逐力。

2. 地区分布特点

2001—2021 年 A 股上市公司跨境并购的地区分布特点如图 3-17 所示。总体来看，我国东部地区是跨境并购主要地区，规模占比高达 83.12%，主要是因为东部沿海地区是我国经济发展相对较早、较为发达的地区，是中国

经济发展的重要引擎，拥有发达的经济基础和国际化的商业环境。东部地区
的企业在经营管理方面相对更为成熟和专业化，这些企业在国内市场的成功
经验和管理能力使得它们更具备进行跨境并购的能力和信心。该地区的企业
与国际市场接触更为密切，有更强的国际化意识和资源，更容易获取到国际
市场信息、商业机会和合作伙伴，更有可能进行跨境并购并且跨境并购规模
较大。相对于东部地区，中、西部地区的跨境并购规模占比较低，分别为
10.12%和6.76%，这是因为中、西部地区企业的资源和资金相对不足，在
国际化方面能力和经验都较弱，包括对国际市场的了解程度、跨文化交流能
力、国际商务法律和监管等方面的知识和经验，这些因素可能限制了中、西
部地区企业的跨境并购规模。

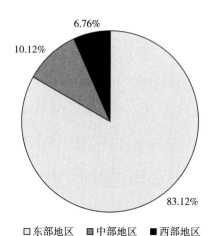

图 3-17　2001—2021 年 A 股上市公司跨境并购地区分布特点

数据来源：由国泰安 CSMAR 数据库跨境并购数据整理得出。

3. 区域（国别）分布特点

中国 A 股企业跨境并购的主要区域位于亚洲、欧洲和北美洲，如图
3-18 所示，其中亚洲的比例高达 55.77%，已超过半数，这主要是因为亚洲
与中国地理上接近，文化上也有一定的相似性，这使得中国企业在亚洲地区
更容易适应和理解当地的商业环境和市场需求，相对于其他地区，亚洲的文
化和商业惯例更为熟悉，降低了跨文化交流和管理的风险。同时，亚洲跨境

并购规模的最大部分是由于对中国香港地区的广泛收购。香港作为我国的一个特别行政区，是中国内地与国际市场之间的重要桥梁；香港，这一国际金融中心，凭借其健全的金融体系和法律制度，成功吸引了众多资本和企业的汇聚。对于中国内地企业而言，通过在香港进行跨境并购，能够更加便捷地获取国际资本、人才和市场资源；香港是一个开放的市场，拥有自由贸易政策和低税率的优势，香港的投资环境相对稳定，法律制度健全，知识产权保护程度高，这为内地企业提供了更可靠和可预测的投资环境。此外，香港还有较为开放的外汇管理制度，使得内地企业更便利地进行资金流动和跨境交易。

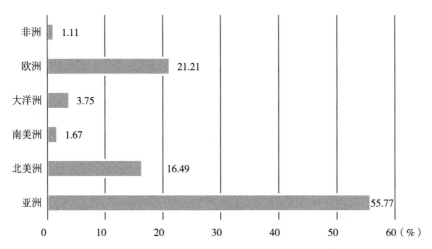

图3-18　2002—2021年A股上市公司跨境并购在各大洲分布情况

数据来源：由国泰安CSMAR数据库跨境并购数据整理得出。

　　中国企业在欧洲并购规模比例为21.21%，是第二大并购区域，主要是因为欧洲是全球最大的经济体之一，拥有庞大的市场规模和潜在的消费者需求，欧洲的消费者对高品质、创新和可持续发展的产品和服务有较高的需求，这为中国企业带来了丰富的市场机遇。同时，欧洲的中产阶级和消费能力的提升也吸引了中国企业寻求市场扩展和增长机会。欧洲拥有先进的技术和知识产权，涵盖了多个领域，如制造业、科技、医药等，通过跨境并购，中国企业可以获取到欧洲企业的先进技术、专利和专业知识，从而提升自身的创新能力和竞争力。此外，欧洲的科研机构和高等教育机构也为中国企业提供了合作和人才培养的机会。欧洲各国政府对外资和跨境并购持开放态度，并提供了一系列的政策支持和便利措施，欧盟与中国之间也开展了多项合作机会，如投资协定、贸易协定等，为中国企业在欧洲的跨境并购提供了更好的环境和机遇。

中国企业在非洲的并购规模最小，只有1.11%，主要是因为非洲国家的政治、经济和法律环境复杂多变，存在一定的风险和不确定性。这使得中国企业在进行并购时需要更加谨慎和审慎，以避免可能的风险和损失。非洲国家的市场规模相对较小，经济发展水平和消费能力有限，这意味着中国企业在进行跨境并购时可能面临市场规模不足的挑战，难以实现预期的经济回报。非洲国家的基础设施建设和产业发展相对滞后，这也给中国企业在进行并购时带来了一些挑战。比如，缺乏完善的交通运输网络和电力供应，可能增加了企业运营成本和风险。

第　四　章

数字化转型对中国企业出口的影响

——基于 A 股上市公司的实证研究

数字经济已经成为我国经济高质量发展的新引擎、深化供给侧结构性改革的主要抓手，以及增强经济发展韧性的主要动力（甄红线等，2023）。2021年 12 月，国家发展改革委印发的《"十四五"数字经济发展规划》，从顶层设计上明确了我国数字经济发展的总体思路、发展目标、重点任务和重大举措，是"十四五"时期推动我国数字经济高质量发展的行动纲领。我国"十四五"规划纲要提出，要加快数字化发展，建设数字中国；通过加强关键数字技术创新应用、加快推动数字产业化和推进产业数字化转型，塑造数字经济发展新优势。促进企业数字化转型是构建数字经济底层基础，是实现数字经济和实体经济有效融合的最关键步骤。中国信息通信研究院发布的《中国数字经济发展研究报告（2023 年）》显示，2022 年，我国数字经济规模达到 50.2 万亿元，同比名义增长 10.3%，已连续 11 年显著高于同期 GDP 名义增速，数字经济占 GDP 比重达到 41.5%，相当于第二产业占国民经济的比重。

从贸易增长来看，受新冠疫情冲击，市场预期不稳、供应链紧张以及全球经济低迷，2020 年全球贸易大幅收缩；2021 年以来，随着全球经济复苏，需求回升带动国际贸易快速回暖。如前文第三章对我国企业数字化转型的特征事实可见，从 2011 年开始数字化转型逐渐进入迅速增长期，2020 年之后增速更是不断提升，我国政府及制造业企业对于数字化转型尤为重视。我国有些企业通过数字化转型，化挑战为机遇，反而实现了贸易规模逆势增长。

企业数字化转型的过程中，必然带来生产关系和生产方式的变革，一方面，企业会通过数字技术驱动来提升原有生产体系的数字化程度，尤其是关键核心技术的重新布局，进而提升企业的生产率和创新能力，有利于出口企业提升海外市场的核心竞争力；另一方面，数字化转型促进了互联网、大数据与传统外贸产业的结合，改善企业经营模式，优化企业的组织结构，促进外贸企业精准海外营销和定制化设计的同时，实现企业的降本增效。然而，企业数字化转型是一项复杂的系统工程，不仅需要加大研发投入、人才储备，还要全面升级各生产环节，企业可能面临融资困难、转型技术成本和试错成本较高等痛点。那么，数字化转型对制造业企业出口将产生怎样的影响，数字化能否赋能企业出口规模的扩大，对于上述问题的探讨有助于深刻剖析企业数字化转型对出口影响的深层次原因，寻求中国企业出口增长的强劲动力，为稳外贸、稳出口提供有益借鉴。

关于数字化转型对于企业出口的影响效应，既有研究主要从互联网化以及数字平台经济等数字技术赋能的角度进行探讨。考虑到单一特定的数字技术赋能难以全面客观地反映企业生产经营中的数字化转型，本书将基于前文对数字化转型的测度，刻画数字化转型对我国制造业企业出口的影响。作为关注企业数字化转型经济效应的研究之一，本书的研究可能具有以下意义：第一，通过构建多元回归模型，探究数字化转型对企业出口的影响及其作用机制，进而在数字化浪潮席卷全球的背景下，为企业构建国际竞争新优势提供决策参考。第二，对于推动企业数字化转型相关政策的制定，给予相关理论支持，本书的结论提示政策制定要充分考虑到企业的差异性及其面临的复杂客观经营条件，根据企业的具体情况精准施策、循序渐进。第三，从出口规模的视角，建立数字化转型与企业国际化行为的联系机制，在国内外经济政治形势发生深刻变化的背景下，为我国在数字化转型浪潮中"稳外贸"提供经验支持。

第一节　数字化转型影响中国企业出口规模的理论分析

国际贸易的多次"重塑"是由不同阶段的技术革命所驱动的，而此轮由数字技术所推动的"数字化革命"正深刻改变着现阶段的国际贸易（World Trade Report，2018）①。数字经济以数字化的知识和信息为重要生产要素，对实体经济的影响主要表现在数字化基础设施、数字化产业和产业数字化三个方面。通过利用数据的分享特性与数字技术的高度普及性，产业数字化可以打破时间和空间的界限，向制造业提供了智能化分析及决策支援，进而增强管理的效能。此外，数字技术的使用也可能增加制造业的产出率，改善资源分配，推动生产活动走向数字化转型。结合已有文献研究，本书梳理企业数字化转型影响出口规模的两个理论机制，分别是企业数字化转型的全要素生产率渠道和创新能力渠道。

从宏观层面来讲，阿吉翁等（Aghion，et al.，2017）指出，数字化革命需要经历多阶段迭代过程渗透至经济社会的各个环节，并且通过与传统经济的逐渐融合实现生产率的增长，而数字化程度较低的部门则容易陷入生产率增长的停滞。从微观层面来讲，数字化转型企业以数据要素为关键资源，而数据要素的强外部性特征（徐翔等，2021）② 使其能够与传统生产要素进行融合创新，突破传统生产要素的增长局限 ［卡西麦戈哈耶和卡利克（Ghasemaghaei，Calic），2019］，推动传统要素数据化，培育新质生产力。目前，大量经验证据也表明，数字化转型有利于提升企业全要素生产率［巴赫希等（Bakhshi，et al.），2014③；赵宸宇等，2021；杜明威等，2022a］。

企业数字化转型需要投入大量数字化技术，存在较高的固定成本，但是由于数字技术的可重编译性（reprogrammable）和可同质化性（homogenization）特征，使其在生产过程中仅需付出较低的边际成本 ［南比桑等（Nambisan，et al.），2017④］，进而促进企业的全要素生产率增长。同时，人工智

---

① World Trade Report 2018：The Future of World Trade.

② 徐翔等：《数据生产要素研究进展》，《经济学动态》2021 年第 4 期。

③ Bakhshi, H., et al., "The Analytical Firm：Estimating the Effect of Data and Online Analytics on Firm Performance", Nesta Working Paper, No. 14/05, 2014.

④ Nambisan, S., et al., "Digital Innovation Management：Reinventing Innovation Management Research in a Digital World", *Mis Quarterly*, Vol. 41, No. 1 (2017), pp. 223-238.

能、大数据等数字技术在企业中的应用，能够助力企业实现智能化、自动化生产，提升生产过程中的精准度，很大程度上降低生产及操作误差引致的损失［迪斯特法诺和蒂米斯（DeStefano，Timmis），2024①］。例如，工业机器人、3D 打印、物联网和云计算等技术的共同投入能够更为有效地结合大数据环境制定精确的生产规范和标准，且提供实时监控和预警及时处理生产中的误差，进而提高企业的生产效率。同时数字技术的应用，有利于实现对低端劳动力的替代，提高企业的生产效率［阿西莫格鲁和雷斯特雷波（Acemoglu，Restrepo），2020②］。

另外，数字化转型有利于提高需求侧与供给侧的匹配效率。大数据及互联网平台的使用，能够减少企业在海外市场的信息搜寻成本，降低企业进入海外市场的信息不对称［戈德法布和塔克（Goldfarb，Tucker），2019③］。例如，以跨境电商为代表的平台经济能够显著降低搜寻成本及合同成本［刘易斯（Lewis），2011④］，并且有利于厂商生产更为符合消费者偏好的产品或进行大规模定制［戈梅－赫雷拉等（Gomez-Herrera，et al.），2014⑤］。进一步地，结合梅利兹（Melitz，2003）的经典假设，本书认为数字化转型的企业更有利于跨越生产率门槛进入出口市场。

基于以上分析，本章提出假说 1：企业的数字化转型能够提高其全要素生产率，进而促进其出口规模的增长。

数字化时代，数字要素、数字技术以及数字化服务已经成为促进企业创新能力提升的新驱动要素。一方面，对于数字化转型的企业，其引进的数字

①　DeStefano，T.，Timmis，J.，"Robots and Export Quality"，*Journal of Development Economics*，Vol. 168，2024，pp. 103248-103248.

②　Acemoglu，D.，et al.，"Evidence from US Labor Markets"，*Journal of Political Economy*，Vol. 128，No. 6（2020），pp. 2188-2244.

③　Goldfarb，A.，Tucker，C.，"Digital Economics"，*Journal of Economic Literature*，Vol. 57，No. 1（2019），pp. 3-43.

④　Lewis，G.，"Asymmetric Information，Adverse Selection and Online Disclosure：The Case of eBay Motors"，*American Economic Review*，Vol. 101，No. 4（2011），pp. 1535-1546.

⑤　Gomez-Herrera，E.，et al.，"The Drivers and Impediments for Cross-border E-commerce in the EU"，*Information Economics and Policy*，Vol. 28，2014，pp. 83-96.

化技术设备往往本身就具备较高的技术创新特征，因此伴随数字化技术设备应用而来的数字化生产的转型能够深刻改变企业原有的经营模式，进而强化企业的创新动能［谢康等，2020①；勒舍瓦利耶等（Lechevalier, et al.），2014②］。企业在数字化转型中所使用的数字化服务，如云计算、区块链或大数据服务等，有利于优化企业的组织结构，助力企业精准捕捉和刻画消费者的需求偏好，提高反应速度，降低信息获取成本，进而明确企业创新方向并提高企业创新投入效率［勒贝克和皮科特（Loebbecke, Picot, 2015③；沈国兵和袁征宇，2020④］。另一方面，大量企业的数字化打破了传统产业集聚在地理空间上的临近依赖性，使得企业能够在信息网络空间形成交叉的耦合关联，弱化了缄默知识的不可编译性，使得在网络上的数据要素积累产生可无限重复使用的新知识，通过数据要素和互联网的"知识溢出"效应传递至虚拟集聚企业集群，进而提升数字化企业的创新能力［王如玉等，2018⑤；琼斯和托内蒂（Jones, Tonetti），2020⑥；杜明威等，2022a］。同时，大量既有研究表明创新能力的提升能够显著促进企业出口的增长［陈伟智（Chen），2013⑦；鲁晓东，2014⑧］。

① 谢康等：《大数据成为现实生产要素的企业实现机制：产品创新视角》，《中国工业经济》2020 年第 5 期。

② Lechevalier, S., et al., "Diversity in Patterns of Industry Evolution: How an Intrapreneurial Regime Contributed to the Emergence of the Service Robot Industry", *Research Policy*, Vol. 43, No10 (2010), pp. 1716-1729.

③ Loebbecke, C., Picot, A., "Reflections on Societal and Business Model Transformation Arising from Digitization and Big Data Analytics: A Research Agenda", *The Journal of Strategic Information Systems*, Vol. 24, No. 3 (2015), pp. 149-157.

④ 沈国兵、袁征宇：《互联网化、创新保护与中国企业出口产品质量提升》，《世界经济》2020 年第 11 期。

⑤ 王如玉等：《虚拟集聚：新一代信息技术与实体经济深度融合的空间组织新形态》，《管理世界》2018 年第 2 期。

⑥ Jones, C. I., Tonetti, C., "Nonrivalry and the Economics of Data", *American Economic Review*, Vol. 110, No. 9 (2020), pp. 2819-2858.

⑦ Chen, W. C., "The Extensive and Intensive Margins of Exports: The Role of Innovation", *The World Economy*, Vol. 36, No. 5 (2013), pp. 607-635.

⑧ 鲁晓东：《技术升级与中国出口竞争力变迁：从微观向宏观的弥合》，《世界经济》2014 年第 8 期。

基于以上分析，本章提出假说 2：企业的数字化转型能够有利于创新能力的提升，进而促进其出口规模的增长。

第二节　数字化转型影响中国企业出口的实证分析

一、实证模型构建

本章检验企业数字化转型对出口的影响，基于现有文献，本章设置如下计量模型：

$$\ln exphs4_{ith} = \alpha + \beta\, Digit_{it} + \sum control + \theta_i + \lambda_t + \varphi_h + \varepsilon_{ith} \qquad (4.1)$$

其中，下标 i、t、h 分别代表企业、年份、产品；被解释变量 $\ln export_{ith}$ 是 i 企业 t 年出口 HS4 位码 h 产品的贸易额；核心解释变量 $Digit_{it}$ 描述了 i 企业在 t 年的数字化转型指数；$control$ 为控制变量集合。参数 β 用以刻画数字化转型对企业出口规模的影响效应，θ_i、λ_t、φ_h 分别表示企业固定效应、年份固定效应和企业 HS4 位码产品层面固定效应，ε_{ith} 为随机误差项。

二、数据来源与变量设定

（一）数据来源

本章的数据来源分为三部分：（1）第一部分是来源于国泰安 CSMAR 数据库的 A 股上市公司的数据，该套数据详细注明了 A 股上市公司的财务状况及公司相关信息。（2）第二部分数据来自中国海关进出口数据库，该数据库详细记录了中国所有进出口企业的每笔业务详情。（3）第三部分数据是在上海证券交易所及深圳证券交易所官方网站获取的上市公司年报文本数据。

本章借鉴杜明威等（2022b）的处理方法，对上市公司年报和中国海关进出口数据中的企业名称进行清洗；按照企业名称、法定代表人、邮政编码和后 7 位电话号码逐次进行匹配。为减少异常样本，本章对合并处理后的面板数据进行以下处理：（1）剔除非制造业企业样本；（2）剔除样本期间内

被 * ST 或 ST 处理的企业；（3）剔除资不抵债的企业；（4）剔除上市公司年报文本转换后乱码的企业；（5）剔除企业年龄为负的企业。

（二）变量设定

1. 核心解释变量

企业的数字化转型指数（ *Digit* ），此处基于前文的测算方法三，即借鉴陈东和郭文光（2024）的做法，对企业数字化转型程度进行测算。

2. 被解释变量

为了避免异方差的影响，本章被解释变量 lnexphs4 参考已有文献的惯用操作方法，对出口贸易额进行对数化处理，增强结果的稳健性。

3. 控制变量

（1）资本密集度（ ln*intens* ），由企业固定资产净额与员工人数之比，并取自然对数来衡量；（2）利润率（ *prof* ），由当年利润与总资产的比值测度，体现了企业的盈利能力和经营效率，利润率越高的企业越有能力应对海外出口市场不确定性因素的冲击；（3）资产负债率（ *debt* ），由企业总负债与总资产之比来测度，反映企业的财务稳定性和偿付能力，高资产负债率意味着企业负债较多，对企业的现金流带来一定的压力，影响企业的生产和出口能力；（4）资产周转率（ *asset* ），利用企业营业收入与企业资产总额之比来衡量，资产周转率越高的企业在面对海外市场冲击或者竞争压力时，能够快速调动公司资产，服务于企业出口；（5）公司规模（ ln*size* ），由公司总资产进行对数化处理获得，公司总资产可以为企业提供稳定、可持续的生产能力，提高企业的出口能力；（6）公司年龄（ ln*age* ），由当年的年份减去企业的成立年份，再进行对数化处理，成立时间越长的企业通常会有更高的市场知名度，拥有更多的资源和海外市场经验，从而有利于提高企业的出口规模。

三、描述性统计

考虑到 2008—2009 年受国际金融危机影响，企业出口存在较大波动，且我国企业数字化转型从 2010 年开始进入快速发展时期，同时中国海关进出口数据库企业层面的微观数据目前只更新到 2016 年，因此，本章将研究的样本区间设定在 2010—2016 年。经过上述处理之后，本章最终的样本量为 26100，包括 588 家上市公司企业，10967 个企业 HS4 位码产品层面的数据信息。

本章主要变量的描述性统计如表 4-1 所示。可以看出，被解释变量（lnexphs4）的取值介于 0.000 到 21.500 之间，均值为 10.070，说明本样本中企业 HS4 位码产品出口额存在较大差异，既有出口为 0 的企业，也有出口规模较大的企业。核心解释变量（Digit）的取值介于 0.000 到 0.616 之间，而均值为 0.051，这表明样本中企业的数字化转型程度存在较大差异，有尚未进行数字化转型的企业，也有数字化转型水平较高的企业。从控制变量来看，企业的资本密集度（lnintens）最小值为 0.470，最大值为 6.945，均值为 1.955，说明样本中企业的资本密集度存在较大差异。同理，企业年龄、企业规模等指标亦是如此。总体而言，从变量统计特征来看，本章所选样本反映了企业在出口规模、数字化转型水平以及其他企业特征方面存在的异质性，这为研究数字化转型对企业出口规模的影响这一问题提供了较好的数据样本。

表 4-1　变量的描述性统计

变量	变量含义	样本量	均值	标准差	最小值	最大值
lnexphs4	企业 HS4 位码产品出口额	26100	10.070	4.074	0.000	21.500
Digit	数字化转型指数	26100	0.051	0.098	0.000	0.616
lnintens	资本密集度	26100	1.955	1.026	0.470	6.945
prof	利润率	26100	0.049	0.050	−0.159	0.183
debt	资产负债率	26100	0.409	0.181	0.051	0.838
asset	资产周转率	26100	0.643	0.314	0.144	2.128
lnsize	公司规模	26100	22.110	1.073	19.810	25.060
lnage	公司年龄	26100	2.706	0.342	1.386	3.332

注：作者根据匹配后的数据样本整理。

四、基准回归结果

本章的基准回归结果如表 4-2 所示。其中，第（1）列中将 ln*exphs*4 对 *Digit* 进行回归，并控制了企业和年份固定效应；第（2）列中增加了企业 HS4 位码产品层面的固定效应；第（3）列加入控制变量，并控制了企业和年份固定效应；第（4）列加入控制变量，并控制了企业、年份以及企业 HS4 位码产品层面固定效应。回归结果显示，加入企业 HS4 位码产品层面的固定效应后，模型的拟合优度显著提高，尤其是第（4）列在加入控制变量后，模型的拟合优度进一步提高，体现了企业 HS4 位码产品层面不随时间变化的异质性特征对企业出口行为具有不可忽视的影响。本章核心解释变量数字化转型的估计系数在此 4 列回归中，均在 1% 的显著性水平上为正，这表明，在数字化浪潮下，企业数字化转型对于出口规模的增长具有促进作用，该结论也与杜明威等（2022a）、杨玛丽和陈银飞（2022)① 实证检验的结论相一致。

表 4-2　基准回归结果

变量	（1） ln*exphs*4	（2） ln*exphs*4	（3） ln*exphs*4	（4） ln*exphs*4
Digit	0.618 *** （2.856）	0.618 *** （2.995）	0.690 *** （3.233）	0.645 *** （3.131）
ln*intens*			-0.332 *** （-8.201）	-0.317 *** （-9.054）
prof			1.185 ** （2.213）	1.353 *** （2.752）
debt			-0.273 （-1.231）	-0.154 （-0.766）
asset			-0.944 *** （-5.541）	-0.855 *** （-6.833）

① 杨玛丽、陈银飞：《制造业企业数字化转型、全要素生产率与出口规模关系研究》，《中国物价》2022 年第 9 期。

续表

变量	（1） ln*exphs*4	（2） ln*exphs*4	（3） ln*exphs*4	（4） ln*exphs*4
ln*size*			0.443*** (5.791)	0.377*** (6.058)
ln*age*			−0.199 (−1.109)	−1.404*** (−5.226)
_cons	9.631*** (150.910)	10.724*** (734.923)	2.082 (1.409)	7.342*** (5.109)
年份固定效应	是	是	是	是
企业固定效应	是	是	是	是
企业HS4位码产品层面固定效应	否	是	否	是
样本量	26100	20929	26100	20929
R^2	0.008	0.897	0.018	0.898

注：括号中为 t 值；*** 表示1%的显著性水平，** 表示5%的显著性水平，* 表示10%的显著性水平。

五、稳健性检验

（一）替换被解释变量维度

本章在基准回归中使用的是企业 HS4 位码产品层面的出口数据，为了验证估计结果的稳健性，此处将其替换为企业 HS2 位码产品层面的出口数据，并重新进行检验。回归结果如表 4-3 第（1）列所示，$Digit_{it}$ 系数显著为正，结果保持稳健。

（二）替换解释变量

基于数字化转型指数的不同测算方法，对基本回归模型进行检验。

借鉴吴非等（2021）的做法，采用前文数字化转型的测算方法二，测算得出数字化转型指数 $Digit_2$。回归结果如表 4-3 第（2）列所示，$Digit_2$ 系数显著为正，再次证明数字化转型可以促进企业出口规模的扩大。

借鉴陈东和郭文光（2024）的做法，以数字化技术创新来衡量企业数字化转型。考虑到数字技术创新是企业数字化转型的关键环节和市场竞争能力的基础支撑，因此以数字化创新专利来衡量企业数字技术创新水平。具体做法为，根据样本期内上市公司发明专利的主分类号与《数字经济及其核心产业统计分类（2021）》进行匹配，识别出企业申请的数字技术创新专利数量，取自然对数后衡量企业数字化转型水平 $Digit_3$。回归结果如表 4-3 第（3）列所示，$Digit_3$ 系数显著为正，结论稳健。

考虑到若仅从微观企业角度出发，容易忽略数字经济发展的大背景对企业数字化转型的潜在影响，本书借鉴陈东和郭文光（2024）的做法，采用宏微观相结合的方法来测算企业数字化转型。具体做法为，运用主成分分析法，从企业数字化技术与战略、数字化管理、数字化投资和数字产业化四个大方向出发，构建新的数字化转型指标进行检验。回归结果如表 4-3 第（4）列所示，$Digit_4$ 系数依然显著为正。

综上所述，无论采用何种方式测度解释变量，数字化转型对企业出口的估计系数均显著为正，表明基准回归结果并不依赖于核心变量的构造方式，验证了基准结果的稳健性。

表 4-3　稳健性检验

变量	（1）lnexphs2	（2）lnexphs4	（3）lnexphs4	（4）lnexphs4
$Digit_1$	0.334 *** （3.232）			
$Digit_2$		12.709 *** （3.862）		
$Digit_3$			0.033 * （1.654）	
$Digit_4$				0.128 *** （2.859）
lnintens	-0.050 *** （-3.054）	-0.308 *** （-9.168）	-0.317 *** （-9.031）	-0.293 *** （-8.149）
prof	0.421 * （1.818）	1.636 *** （3.661）	1.301 *** （2.651）	0.687 （1.396）

续表

变量	（1） ln*exphs*2	（2） ln*exphs*4	（3） ln*exphs*4	（4） ln*exphs*4
debt	0.036	−0.572***	−0.122	0.086
	(0.385)	(−3.140)	(−0.604)	(0.413)
asset	−0.220***	−0.931***	−0.837***	−0.568***
	(−3.590)	(−8.328)	(−6.693)	(−4.265)
ln*size*	0.117***	0.311***	0.362***	0.234***
	(4.081)	(5.751)	(5.787)	(3.482)
ln*age*	0.180	−1.456***	−1.335***	−1.915***
	(1.418)	(−6.228)	(−5.003)	(−6.103)
_ cons	16.733***	9.139***	7.441***	11.620***
	(24.950)	(7.248)	(5.171)	(7.304)
年份固定效应	是	是	是	是
企业固定效应	是	是	是	是
企业 HS2 位码产品层面固定效应	是	否	否	否
企业 HS4 位码产品层面固定效应	否	是	是	是
样本量	9807	24463	20958	19573
R^2	0.966	0.889	0.898	0.905

注：括号中为 t 值；*** 表示 1% 的显著性水平，** 表示 5% 的显著性水平，* 表示 10% 的显著性水平。

（三）内生性问题检验

考虑到出口和数字化转型均为企业自身的决策行为，因此可能存在反向因果与遗漏变量，从而导致内生性问题。一方面，可能同时存在影响企业出口及数字化转型的外生冲击或不可观测的因素，如 2013 年以来我国一系列的自由贸易试验区政策等，这可能导致回归结果高估了企业数字化转型与出口之间的因果效应；另一方面，出口规模较大的企业本身在资本、规模、生产率等方面存在优势，因而可能更有能力和意愿进行数字化转型，从而导致反向因果问题。为此，本书利用工具变量和两阶段最小二乘法（IV-2SLS）进行稳健性检验。其一，采用文献中惯用的做法，使用解释变量的滞后一期作为工具变量（IV1），并使用 2SLS 进行估计；其二，本书借鉴陈中飞等（2022）① 的做法，选用公司高管数字化意识作为企业数字化转型的工具变量，该指标采用国泰安 CSMAR 数据库中管理层数字职务设立、管理层数字创新意识和管理层数字创新程度指标以熵权法构成（IV2）。回归结果如表4-4 所示。

表 4-4　内生性检验

变量	（1） *Digit*	（2） *Digit*	（3） ln*exphs*4	（4） ln*exphs*4
Digit			1.550 ** (2.03)	2.356 *** (5.127)
*IV*1	0.338 *** (33.49)			
*IV*2		0.003 *** (61.8)		
控制变量	是	是	是	是
年份固定效应	是	是	是	是
企业固定效应	是	是	是	是
企业 HS4 位码产品层面固定效应	是	是	是	是
Wald F 统计量			1121.370	3818.708
样本量	16350	20929	16350	20929

注：括号中为 t 值；*** 表示1%的显著性水平，** 表示5%的显著性水平，* 表示10%的显著性水平。

从表4-4第（1）列和第（2）列第一阶段的结果可以看出，所选的两个工具变量的估计系数均在 1% 水平上显著为正，满足工具变量的相关性检验；同时，Wald F 统计量数值均大于 10% 水平下的临界值（16.630），拒绝了弱工具变量的原假设，证实了所选工具变量的有效性；第（3）列和第（4）列分别展示了两种工具变量法第二阶段的回归结果，

① 陈中飞等：《数字化转型能缓解企业"融资贵"吗》，《经济学动态》2022 年第 8 期。

结果显示，核心解释变量 *Digit* 对出口的估计系数均显著为正，与基准结果保持一致。

以上结果表明，在使用工具变量克服反向因果关系和遗漏变量可能造成的内生性问题后，本章结论依然成立。

六、机制检验

如前文理论机制分析与研究假说，本章认为数字化转型可以通过全要素生产率渠道以及创新能力渠道促进企业出口规模增长，为检验上述研究假说，本章参考江艇（2022）[①] 的思路构建如下计量模型：

$$channel = \alpha + \beta\, Digit_{it} + \sum control + \theta_i + \lambda_t + \varphi_h + \varepsilon \qquad (4.2)$$

其中，$channel_{it}$ 为假设渠道机制的变量，具体而言，分别对应企业全要素生产率（$lntfp_{it}$）和企业创新能力（$lninvention_{it}$），模型中其他变量的定义与基准回归一致。

（一）全要素生产率渠道

大量经验数据表明，数字化转型有利于提高企业的全要素生产率水平（赵宸宇等，2021），互联网技术的发展提高了资源配置效率，提高了企业全要素生产率，而企业全要素生产率的提升，可以通过减少企业的出口成本促进企业的出口。在企业全要素生产率的计算上，传统的 OLS 和 FE 方法存在潜在的内生性问题，以及有效信息量的损失等问题。根据现有文献对企业全要素生产率测算方法的研究［谢和克莱诺（Hsieh，Klenow），2009；勃兰特等（Brandt，et al.），2012］，此处运用奥利和佩克斯（Olley，Pakes，1996）的 OP 方法计算得出企业的全要素生产率，估计结果体现在表4-5第（1）列。由第（1）列结果可以得出 lntfp 的估计系数在 1% 的水平上显著为正，这表明企业的数字化转型能够通过提高全要素生产率渠道促进其出口贸易的增长。

[①]　江艇：《因果推断经验研究中的中介效应与调节效应》，《中国工业经济》2022 年第 5 期。

表 4-5 机制检验

变 量	（1） ln*tfp*	（2） ln*invention*
Digit	0.076*** （5.731）	0.081*** （4.691）
控制变量	是	是
年份固定效应	是	是
企业固定效应	是	是
企业 HS4 位码产品 层面固定效应	是	是
样本量	20929	20929
R^2	0.988	0.879

注：括号中为 t 值；*** 表示 1% 的显著性水平，** 表示 5% 的显著性水平，* 表示 10% 的显著性水平。

（二）企业创新能力渠道

企业在进行数字化转型的过程当中，其引进的数字化设备和数字化技术本身就具备较高的技术创新特征，企业可以通过数字化转型来改变其传统模式下的生产方式，提高企业的创新能力。同时，企业在数字化转型过程中不断加大对数字平台的利用程度，可以帮助企业更好地跟进消费者需求，打破时间和地域的限制，降低企业的信息获得成本和交易成本，明确企业的创新方向，提高企业的创新能力。进一步，既有研究表明，企业创新能力的提高可以促进企业出口。本章参考潘红波和高金辉（2022）[①] 的做法，利用当年企业申请发明专利总量加 1，并对其进行对数化处理来测度企业的创新能力，估计结果体现在表 4-5 第（2）列。从第（2）列的结果可以得出，ln*invention* 的估计系数显著为正，这表明企业的数字化转型能够通过创新能力增强的渠道机制促进出口贸易的增长。

---

① 潘红波、高金辉：《数字化转型与企业创新——基于中国上市公司年报的经验证据》，《中南大学学报（社会科学版）》2022 年第 5 期。

七、异质性分析

(一)基于企业所属行业要素密集度的异质性分析

企业所属行业在一定程度上影响企业的出口规模,同时,如图 2-3 和图 2-8 所示,不同类型行业内企业对前沿数字技术的需求不同,发展水平和速度存在异质性,因而在数字化转型进程上的差异会对企业出口产生不同的影响。因此,如前文所述,依然参考李雪冬等(2018)的做法,根据要素密集度将制造业企业划分为三类,即劳动密集型行业、资本密集型行业和技术密集型行业,进而对三个样本分别进行实证回归,结果分别如表 4-6第(1)—(3)列所示。显然,技术密集型行业样本中,核心解释变量数字化转型指数的回归系数显著为正,而劳动密集型行业和资本密集型行业中,这一效应并不显著。这说明数字化转型更有利于促进技术密集型行业企业的出口贸易增长。这与杜明威等(2022a)的研究结论一致。

表 4-6 基于企业所属行业要素密集度的异质性检验

变量	劳动密集型行业 lnexport	资本密集型行业 lnexport	技术密集型行业 lnexport
Digit	−0.431 (−0.497)	0.025 (0.058)	0.841 *** (3.368)
控制变量	是	是	是
年份固定效应	是	是	是
企业固定效应	是	是	是
企业 HS4 位码产品层面固定效应	是	是	是
样本量	2416	3639	14829
R^2	0.923	0.915	0.888

注:括号中为 t 值;*** 表示 1%的显著性水平,** 表示 5%的显著性水平,* 表示 10%的显著性水平。

(二)基于企业所有制类型的异质性分析

如图 2-2 和图 2-6 所示,企业的股权性质会影响其数字化转型水平,近年来国有企业和非国有企业在数字化转型程度上存在显著差异,因此此处将企业所有制性质分为国有企业和非国有企业两大类进行回归分析，结果分别呈现在表4-7第（1）列和第（2）列。从回归结果来看，数字化转型对两类企业出口的回归系数均显著为正，国有企业的回归系数更大，表明数字化转型对国有企业出口的促进效应更明显。国有企业往往具有更强的政策支持和资源优势，得益于数字化转型的技术外溢效应，其在海外市场的影响力和竞争力较容易得到提升。

表4-7　基于企业所有制类型的异质性检验

变量	国有企业 ln*export*	非国有企业 ln*export*
Digit	1.530***	0.378*
	(2.925)	(1.664)
控制变量	是	是
年份固定效应	是	是
企业固定效应	是	是
企业 HS4 位码产品 层面固定效应	是	是
样本量	5171	15742
R^2	0.895	0.898

注：括号中为 t 值；*** 表示1%的显著性水平，** 表示5%的显著性水平，* 表示10%的显著性水平。

（三）基于企业所属地区的异质性分析

我国东、中、西部地区由于地理位置、资源禀赋和政策的差异，经济发展不平衡，如图2-4、图2-9、图2-22和图3-4所示，不同地区企业的数字化转型及出口行为也存在较大差异。东部地区优先嵌入全球价值链且具有国家开放政策的加持，企业数字化转型程度较高，出口规模较大。此处将企业所属地区分为东部地区和中西部地区进行检验，回归结果分别如表4-8第（1）列和第（2）列所示。从回归结果可以看出，数字化转型对东部地区和中西部地区企业出口都具有促进作用，但对中西部地区的促进效应更大。相比较而言，受制于地理位置、经济发展水平，中西部地区在数字基础设施建设、数字经济发展等方面发展相对滞后，如前文特征事实部分所示，中西部地区企业的数字化转型水平较低，因此数字化转型对中西部地区的出口促进效应更加明显。

表4-8　基于企业所属地区的异质性检验

变量	东部地区 ln*export*	中西部地区 ln*export*
Digit	0.563 *** （2.615）	1.485 ** （2.304）
控制变量	是	是
年份固定效应	是	是
企业固定效应	是	是
企业 HS4 位码产品 层面固定效应	是	是
样本量	14845	6053
R^2	0.903	0.889

注：括号中为 t 值；*** 表示 1% 的显著性水平，** 表示 5% 的显著性水平，* 表示 10% 的显著性水平。

本章小节

随着数字经济时代的到来，中国企业纷纷进行数字化转型，数字化转型已经成为影响企业出口行为的重要因素。本章基于中国 A 股上市公司数据，采用权威方法对企业数字化转型水平进行了测算；通过匹配 2010—2016 年中国海关数据及 A 股制造业上市公司数据，构建多元回归模型实证检验了数字化转型对中国制造业企业出口的影响。

本章实证分析的主要结论如下：（1）数字化转型能够有效促进我国制造业企业出口贸易规模的扩大，且该结论在系列稳健性检验后依然成立；（2）机制检验表明数字化转型可以通过全要素生产率渠道和企业创新能力渠道促进企业出口贸易的增长；（3）异质性分析表明，数字化转型对技术密集型行业企业、国有企业、中西部地区企业的出口促进效应更加明显。

根据上述结论，本章提出以下建议：

第一，政府应该为企业数字化转型营造良好的外部政策环境，加大体制机制改革力度。数字经济的发展为出口企业带来了发展的机遇，可以帮助企业缓解成本上涨、出口渠道受阻等问题，在数字化浪潮下，出口企业急需政策支持，以抓住数字化转型的机遇，在出口贸易方向促进经济增长、增加财政收入，因此，政府应推动促进出口企业数字化转型的政策落实，并通过出台具有针对性、差异化的财政政策帮助企业实现数字化转型目标。

第二，政府应充分发挥数字化转型对全要素生产率的推动作用，加快数字技术的创新发展，最大限度地释放数字化转型所具有的潜力。政府应扶持加快企业的数字化平台建设，在高端芯片、人工智能、工业互联网、5G技术等领域加大投入，提高关键技术的自主创新能力。同时，企业在经营的过程中要积极发挥互联网的效用，利用互联网思维对传统的生产方式进行创新改造，减少企业和消费者之间的沟通障碍，围绕客户多方位的需求进行多种模式的创新，提高企业的劳动生产效率。

第三，政府在推动企业数字化转型的过程当中，应充分考虑企业的异质性。企业所处地理位置、企业的要素密集度、企业所拥有的资金实力和企业所面临外部客观经营条件等方面的不同，都会影响政策实施的效果。因此，政府应避免"一刀切"，应根据企业的具体情况找准企业实施数字化转型的痛点、难点和堵点，实施政策。循序渐进地对各产业的链主企业、龙头企业率先推动进行数字化转型，依托其较强的技术创新能力及较快的成果转化能力，发挥对产业链上其他企业的"外溢效应"，从而更好地推进各行业的数字化转型。

第 五 章

数字化转型对中国企业出口技术复杂度的影响

——基于制造业 A 股上市公司的实证分析

为了有效推进我国数字化建设的步伐,我国陆续出台了一系列保障数字中国建设的重要政策和发展规划。2019 年 11 月,《中共中央 国务院关于推进贸易高质量发展的指导意见》中指出,推进贸易高质量发展,是党中央面对国际国内形势深刻变化作出的重大决策部署,是奋力推进新时代中国特色社会主义事业的必然要求,是事关经济社会发展全局的大事。2021 年11 月,商务部在《"十四五"对外贸易高质量发展规划》中强调,要重点优化货物贸易结构,推动中小企业转型升级,走"专精特新"国际化道路。企业是推动经济发展和技术进步的主力军,提升企业出口质量是推动我国贸易高质量发展的关键所在。

当前,国内外经济环境发生深刻变化,我国制造业出口依然面临自主创新能力弱、关键核心技术与高端装备对外依存度高的低端困境,阻碍了对外贸易高质量发展,制造业转型升级的任务紧迫而艰巨。在数字经济蓬勃发展的背景下,如何抓住新机遇,改变中国对传统劳动力和资源禀赋优势的依赖,通过数字化转型打造新动能、获取新优势,不仅对于企业出口提质升级具有重要的现实意义,而且对加快构建新发展格局,提升国际循环的质量和水平意义深远。

企业将数字化技术应用于生产、销售、运营、管理等环节,可以改进企业内部运营流程,降低企业运营成本;有利于企业更加精准地捕捉外部环境变化并对生产和出口行为作出迅速反应,提高资源配置效率,促进产品持续优化和改进；可以借助数字技术促进显性和隐性知识或技术的共享的能力[格兰特等（Grant, et al.），2010①]，实现跨距离的知识转移和扩散，加速新产品构想和创新理念的形成（戚聿东和肖旭，2020；洪俊杰等，2022）。然而，不可忽视的是，企业进行数字化转型必然需要大量的投入，这可能会挤压企业在研发创新方面的投入。同时，部分企业在转型初期缺乏经验，面临内部控制风险、政策风险等潜在不利因素，难以真正实现数字技术与制造业的有效融合，影响数字化转型对制造业出口技术复杂度提升的实际效果。由此，数字化转型与企业出口技术复杂度的关系有待进一步检验。

尽管学者们在数字化转型与出口之间联系方面的研究已经取得了一些成果，但是关于数字化转型对企业出口技术复杂度的影响还未有系统的微观检验。由此，本书在已有研究的基础上，尝试对数字化转型如何影响企业出口技术复杂度及其影响机制进行理论探讨和系统的实证检验，这对于我国实现出口"提质增效"，拓展外贸新动能具有重要意义。本书的主要边际贡献在于：第一，在研究视角上，目前关于数字化转型对出口技术复杂度影响的研究多集中于国家层面或者产业层面，难以为数字化转型以及出口的微观主体——企业提供实际应用价值，因此本书聚焦于微观主体本身，系统考察数字化转型对企业出口技术复杂度的影响并得出可靠结论，为制造业出口企业把握数字化转型机遇提供了决策参考；第二，在研究内容上，本书一方面拓展了对出口技术复杂度影响因素的研究边际，另一方面拓展了企业数字化水平与对外贸易之间关系的研究边际，是对企业数字化转型与国际贸易文献的有力补充；第三，本书关注了数字化转型对出口技术复杂度的影响渠道，从理论和实证层面验证了技术创新能力和资源配置效率是企业数字化转型促进出口技术复杂度提升的重要渠道，为企业进行战略决策和政府制定相关政策提供了重要借鉴。

---

① Grant, G. B., et al., "Information and Communication Technology for Industrial Symbiosis", *Journal of Industrial Ecology*, Vol. 14, No. 5 (2010), pp. 740-753.

第一节　数字化转型影响制造业企业
出口技术复杂度的理论分析

一、数字化转型影响制造业企业出口技术复杂度的基本逻辑

数字化转型涉及企业的研发、设计、生产、装配、质检、销售、市场运营及服务等的环节，覆盖从产品创意到客户使用服务的全周期。数字化转型对企业出口技术复杂度的影响主要体现在以下几方面：

首先，从生产的角度来看，数据作为数字时代的新型生产要素，具有低成本、大规模可得、外部性等特征（蔡跃洲和马文君，2021）[①]，数据与劳动、资本、技术等传统要素相结合，不仅能够发挥数据要素本身对于出口产品技术的提升作用，而且能够赋能传统要素，提升企业原有要素的价值转化效率；数字技术与产品生产制造相融合，能够提升生产的技术密集度，推动生产线实现智能化、自动化发展。

其次，从供给的角度来看，随着数据采集、存储和传输技术的进步，企业可以获取海量产品运营数据，因此，数字化转型能够增强制造业企业与上下游企业进行信息沟通的能力，提高信息流通效率，使企业更快地获取及时有效的市场信息和物流信息，实现与上下游企业的高效率衔接沟通，为企业生产提供风险预测和防范（雷万云，2021；洪俊杰等，2022），从而提高供应链协同水平，为提高企业的出口技术复杂度提供保障。

再次，从交易的角度来看，数字化转型能够降低企业的交易成本，从而可能为企业进行产品技术研发带来更多空间。数字化转型对交易成本的影响已受到广泛关注。大量研究证实，数字化转型可以降低企业交易成本，为研发创新提供更多支持。例如，肖旭和戚聿东（2019）认为，互联网时代的巨型平台促进了企业间横跨线上线下的合作，降低了企业获取外部要素资源

[①]　蔡跃洲、马文君：《数据要素对高质量发展影响与数据流动制约》，《数量经济技术经济研究》2021 年第 3 期。

的门槛，放松了资产专用性约束；网络营销渠道的快速普及，也使得企业的交易成本趋于下降。

最后，从消费端的角度来看，数字技术的应用能够使企业更快地搜寻和匹配目标客户，大数据的应用有助于企业把握国际市场动态，从而掌握更多消费者需求信息，甚至通过与消费者的紧密互动直接抓住市场痛点与热点，基于市场需求和产品反馈信息，对出口产品进行优化升级，提高出口产品的研发效率。

基于上述分析，本章提出假说1：制造业企业数字化转型能够促进出口技术复杂度的提升。

二、数字化转型影响制造业企业出口技术复杂度的理论机制分析

（一）技术创新效应

伴随企业数字化转型的不断深入，互联网、大数据、云计算等新一代信息技术在企业研发、生产、运营等环节得以广泛应用。而数字技术本身具有强大的知识和技术的共享能力［格兰特等（Grant，et al.），2010］，这使得企业能够突破传统的知识积累、研发创新和应用的过程，借助数字技术打破信息和知识孤岛，多渠道、高效率地获取专业知识，有效推动企业提高企业创新效率，获得更多创新思维（李雪松等，2022；戚聿东和肖旭，2020）。在此基础上，作为创新主体的企业，能够加速在生产、运营等环节创新理念的形成，加速对新产品的构想，加强对传统生产环节和流程的技术改造，有利于出口技术复杂度的提升。

数字化背景下的互联网商业模式改变了企业的创新模式，拉近了企业和消费者之间的距离，消费者可以更广泛地参与产品生产和价值创造过程，成为企业创新的重要源泉（赵宸宇等，2021）。数字化转型可以加快企业的信息化进程，为企业提供大量关于海外市场、海外消费者、海外同行的信息，有助于企业进行深层次的市场价值挖掘，从而在产品研发设计等层面进行价值创造活动。通过大数据、云计算、物联网等新技术的应用实现传统制造向智能制造的转型，提升技术创新能力（李海舰等，2014），并最终作用于企

业产品，加快创新产品产出，提高出口技术复杂度。此外，数字技术与生产、研发等环节的融合，能够拓展产品的技术边界，推动企业产品的持续优化，提升产品的出口技术复杂度（党琳等，2021）。

同时，目前大量经验研究结果支持企业进行互联网转型显著提升了自身的研发创新能力（王可和李连燕，2018；卢福财和金环，2020；顾国达等，2017；黄群慧等，2019）。与成本领先战略相比，技术创新是信息技术帮助企业实现产品升级、掌握竞争优势更为关键的中间变量（卢福财和金环，2020）。

基于上述分析，本章提出假说2：制造业企业的数字化转型会通过技术创新来影响出口技术复杂度。

（二）资源配置效率提升效应

数字化转型的实质是工业化管理向数字化管理模式的变革（刘淑春等，2021），因此从企业管理的视角来看，数字化转型可能引致企业组织管理架构的变革，使得企业的生产管理向智能化方向转变。而智能化的管理模式能够推动企业的组织管理由"垂直化"向"扁平化"发展（戚聿东和肖旭，2020），提高产业链和供应链管理水平，从而打破原来的路径依赖，提高企业的资源配置效率，促进企业研发设计、原材料采购、产品制造、成品销售和营销推广等各环节的信息高效互动，实现产品全生命周期的精细化管理，这对提高企业的出口技术复杂度具有正向影响。同时，随着大数据、云计算等数字技术的应用，企业将减少由信息不对称造成的要素错配，精准捕捉国际市场需求，分析企业市场竞争和市场需求以实现定制化的生产策略，有效降低企业的产能闲置或存货积压［贺等（He, et al.），2019］，对企业资源进行更有效的调度，实现整个供应链资源的最优配置。随着数字化转型水平提高引致的资源配置效率的提升，企业将更倾向于采用先进的信息技术或者生产设备（Bloom, et al., 2013；Bender, et al., 2018），采用技术密集度更高的要素投入，驱动技术革新，最终落脚于企业的生产，并作用于企业的出口技术复杂度。另外，数字技术的变革要求企业对人力资本要素作出相应的调整，并促使企业培育与数字化转型相适应的人才，以充分释放数字化转型的红利。管理效率的优化和人力资本的提升最后都将落脚于企业的产品生产，并作用于企业出口技术复杂度提升。

基于以上研究，本章提出假说 3：制造业企业的数字化转型会通过要素配置对出口技术复杂度产生影响。

第二节　数字化转型影响中国制造业企业出口技术复杂度的实证分析

在前文对数字化转型和企业出口技术密集度进行测度，以及理论机制分析的基础上，本节将进行一系列实证检验分析来验证本章第一节提出的三个假说。

一、实证模型构建

为了探究数字化转型与制造业企业出口技术复杂度之间的关系，根据假说 1，本书通过构建多重固定效应模型来进行实证分析，基准模型设定：

$$LnESI_{it} = \alpha_0 + \alpha_1 Digit_{it} + \alpha_2 X_{it} + \mu_i + \mu_t + \mu_{indt} + \mu_{prot} + \varepsilon_{it} \qquad (5.1)$$

其中，被解释变量 $Ln\ Esi_{it}$ 指的是制造业企业 i 在 t 年的出口技术复杂度指标，核心解释变量 $Digit_{it}$ 则指的是制造业企业 i 在 t 年的数字化转型指标；X_{it} 则是本书所选择的企业层面的控制变量集合，μ_i 和 μ_t 分别用来表示企业个体固定效应和时间固定效应，μ_{indt} 表示的是行业—年份固定效应，以控制不同行业随时间变化的特征，μ_{prot} 表示的是省份—年份固定效应以控制不同地区随时间变化的特征，ε_{it} 则是随机误差项。同时，为了减弱异方差和自相关问题对实证结果产生的干扰，本书采用聚类到企业层面的标准误。

二、数据来源与变量设定

（一）数据来源

本书主要数据来源是中国海关进出口数据库、国泰安 CSMAR 数据库以及 A 股上市公司年度报表。如前文所述，由于我国上市公司于 2007 年 1 月

1 日开始使用新的会计准则体系，而且与本书研究内容相关的部分指标仅从 2008 年开始进行统计，而 2008 年和 2009 年受国际金融危机影响，我国出口存在较大波动，不免对实证结果产生影响；同时，我国企业的数字化转型从 2010 年开始进入快速增长时期，因此本章将 2010 年作为研究样本的时间起点。鉴于中国海关进出口数据库在 2016 年之后不再公布微观企业层面的进出口数据，因此，为了确保各项数据指标衡量标准的一致性和数据的完整性，本章采用 2010—2016 年制造业上市公司数据样本进行实证研究。按照惯用做法，将中国海关提供的企业层面出口贸易数据与国泰安 CSMAR 数据库提供的上市公司的相关数据进行匹配后，对样本数据进行了如下处理：（1）按照《上市公司行业分类指引》，筛选出属于制造业的 A 股上市公司；（2）剔除 ST 和 * ST 上市公司样本；（3）剔除相关变量缺失严重的样本。世界上各个国家或地区层面的人均国内生产总值数据则来源于世界银行的 WDI 数据库；各个国家的进出口贸易数据来自 CEPII BACI 数据库。最终本书样本为 918 家 A 股上市公司的面板数据。

（二）变量设定

1. 核心解释变量

数字化转型（$Digit$），基于前文测算方法三得出；同时，在稳健性检验中，综合采用前述其他测算方法进行系统检验。

2. 被解释变量

制造业企业出口技术复杂度（$\ln Esi$），前文计算已得。

3. 控制变量

结合已有的文献研究，本书选择如下制造业企业层面的控制变量：（1）企业规模对数（$\ln size$），用企业的总资产额度来表示；（2）企业成长性（$growth$），能够体现企业的可持续创新能力，借助其营业收入增长率来表示；（3）薪酬水平（$\ln pay$），用企业年人均工资的对数来表示；（4）资产周转率（$asset$），用企业营业收入与总资产的比值表示；（5）公司年龄（$\ln age$），由当年的年份减去企业的成立年份，再进行对数化处理；（6）利润率（$prof$），由当年利润与总资产的比值测度；（7）资产负债率

（*debt*），由企业总负债与总资产之比来测度。

本章主要变量的描述性统计如表 5-1 所示。可以看出，出口技术复杂度（ln*Esi*）的取值介于 4.597 到 10.533 之间，均值为 9.410，这表明本章样本中上市公司的出口技术复杂度存在较大差异；数字化转型（*Digit*）的取值介于 0.000 到 0.616 之间，均值为 0.035，这意味着样本中上市公司的数字化转型水平也存在较大差异。从控制变量来看，公司规模（ln*size*）最小值与最大值分别为 19.705 和 25.059，均值为 21.820，这表明样本中公司规模存在显著差异；公司年龄（ln*age*）取值介于 1.099 到 3.332 之间，说明样本中既存在成立时间较短的新公司，也存在存续时间较长的公司。总体而言，本章所取上市公司样本存在差异化特征，对于研究数字化转型对企业出口技术复杂度的影响这一核心问题提供了较合理的数据资料。

表 5-1　变量描述性统计

变量	观测数	均值	标准差	最小值	最大值
ln*Esi*	4760	9.410	0.897	4.597	10.533
Digit	4760	0.035	0.084	0.000	0.616
ln*size*	4760	21.820	1.092	19.705	25.059
ln*age*	4760	2.668	0.378	1.099	3.332
prof	4760	0.043	0.049	−0.159	0.183
growth	4760	0.153	0.281	−0.424	1.420
ln*pay*	4714	9.012	1.024	5.058	11.084
debt	4760	0.389	0.197	0.050	0.838
asset	4760	0.660	0.352	0.144	2.128

注：作者根据样本整理。

三、特征事实分析

（一）样本期内制造业企业数字化转型的测算结果分析

1. 总体趋势分析

基于前文数字化转型的测度方法，样本期内我国制造业上市公司数字化转型指数总和和均值的年度变化趋势如图 5-1 所示。显然，除 2012 年我国制造业上市公司数字化转型指数均值有所下降之外，其他年份均呈现逐年稳步提高的趋势；尤其是 2012 年以后，年均增速明显高于 2012 年以前，体现了我国制造业企业数字化转型力度的提升。

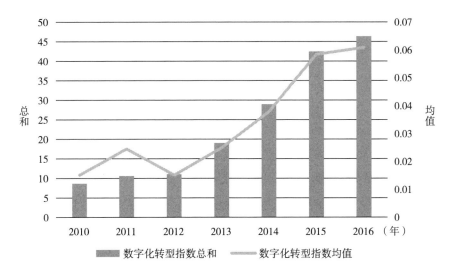

图 5-1　2010—2016 年中国制造业上市公司数字化转型指数变动趋势

数据来源：作者基于样本数据测算得到。

2010—2016 年我国制造业上市公司数字化转型总词频和分词词频的年度变化趋势如图 5-2 所示。显然，数字化转型总词频呈现逐年上升趋势，且 2012 年以来词频总数大幅度提升；从数字技术应用、云计算技术、大数据技术、人工智能技术和区块链技术这五个维度来看，各维度词频均呈现逐年上升趋势，其中数字技术应用这一维度的词频均值在所有年份均高于其他四个维度，其次是云计算技术，而 2015 年来大数据技术词频数增速较快，在 2016 年词频数超过云计算技术；与其他四个维度相比，区块链技术词频数最小，且差距较大。

2. 制造业企业数字化转型的区域差异

考虑到我国东部和中西部地区之间在经济发展水平上存在不平衡性，因此，本章将进一步探讨东部和中西部这两个地区的制造业企业在样本区间内

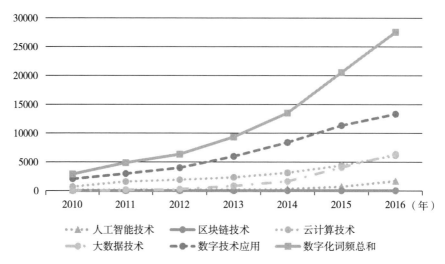

图 5-2　2010—2016 年中国制造业上市公司数字化转型总词频及分词词频数

数字化转型指数的变化情况。

从图 5-3 中可以看出，我国东部和中西部地区企业的数字化转型指数的年度总和和年度均值在样本期内均呈现出稳步上升趋势；东部地区的年度总和和年度均值都明显高于中西部地区。具体而言，2010—2012 年两地区的差距相对稳定，但 2012 年以后，两地区差距逐渐加大。

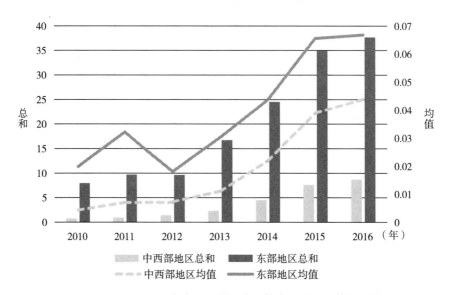

图 5-3　2010—2016 年中国制造业企业数字化转型指数区域差异

3. 制造业上市企业数字化转型的企业性质差异

不同所有制性质的企业在融资约束、管理模式、政府监管等方面存在较大差异，因此本章进一步将我国制造业企业分为国有企业和非国有企业两大类，以具体考察不同所有制企业在样本区间内的数字化转型情况。从图 5-4 可以看出，2010—2016 年，无论是数字化转型指数的年度总和还是均值，非国有企业均高于国有企业。

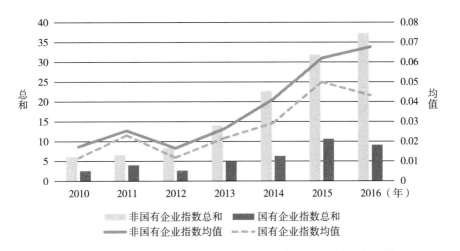

图 5-4 2010—2016 年中国制造业上市公司数字化转型企业性质差异

在非国有经济中，民营经济位居主导性地位，是推进中国式现代化的生力军，是高质量发展的重要基础，是推动我国全面建成社会主义现代化强国、实现第二个百年奋斗目标的重要力量。民营经济在经济社会发展中的重要作用常用"56789"来概括，即民营经济贡献了 50% 以上的税收，60% 以上的国内生产总值，70% 以上的技术创新成果，80% 以上的城镇劳动就业，90% 以上的企业数量。数字经济背景下，数字化转型为民营企业提供了寻求生存和发展的系统性破局之道，其数字化转型不仅关乎自身成长，更对中国经济重塑增长动能及高质量发展存在深远影响。

2023 年 7 月《中共中央 国务院关于促进民营经济发展壮大的意见》提到，要加快推动民营企业数字化转型和技术改造，鼓励民营企业开展数字化共性技术研发，参与数据中心、工业互联网等新型基础设施投资建设和应用创新。在国家政策的大力支持下，民营企业纷纷"踏浪"数字化转型，以此带动经营理念、技术、组织、管理和模式创新，提高全要素生产率，不仅事关民营企业个体的生存发展，而且对我国整体顺应数字化变革大势、实现高质量发展目标都具有重要的战略意义。

4. 制造业企业数字化转型的行业分布差异

考虑到制造业上市公司在要素密集度上存在较大差异，为探究其数字化转型的表现情况，本章参考李雪冬等（2018）的做法，基于要素密集度将制造业行业分为三类，即劳动密集型行业、资本密集型行业、技术密集型行业，并对其数字化转型指数年度综合和年度均值进行统计分析。

由图 5-5 可以看出，从企业数字化转型指数的年度总和来看，技术密集型行业在各年份都远远高于劳动密集型行业和资本密集型行业，劳动密集型行业在 2011 年以后各年份均超越资本密集型行业；从企业数字化转型指数的年度均值来看，劳动密集型行业表现亮眼，在 2012 年以后超过技术密集型行业，且保持了较快的增长态势，而资本密集型行业也保持了较稳定的增速，但数字化转型水平最低，且与其他两个行业存在较大差距。

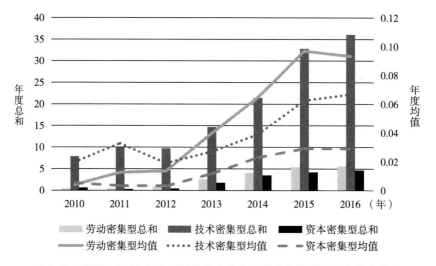

图 5-5　2010—2016 年中国制造业上市公司数字化转型的行业分布差异

（二）制造业企业数字化转型与出口技术复杂度的关系

为了更清楚地观察企业数字化转型与其出口技术复杂度的变化趋势，从而探究其可能的内在联系，图5-6展示了2010—2016年企业数字化转型与其出口技术复杂度的总体发展趋势，可以看出企业数字化转型与企业出口技术复杂度保持了较一致的增长趋势，这提示企业数字化转型与企业出口技术复杂度之间可能存在一定的正相关关系。

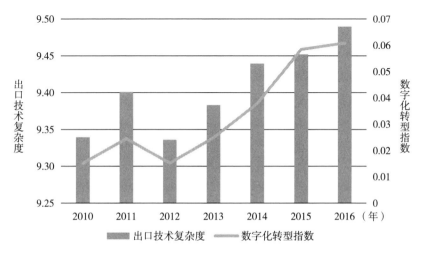

图5-6　2010—2016年中国制造业上市公司数字化转型与
出口技术复杂度的总体变化情况

更进一步，将样本期内各年份数字化水平高于平均值的列为高数字化水平企业，反之，列为低数字化水平企业，得出不同数字化水平企业对应出口技术复杂度，如图5-7所示。从变化趋势来看，低数字化水平企业的出口技术复杂度在样本期内明显高于高数字化水平企业；不同数字化水平的企业出口技术复杂度在观测期内的波动趋势大致一致，但低数字化水平企业在样本期内保持了较为平稳的增长趋势，而高数字化水平企业出口技术复杂度在2011年之后保持了相对较快的增长速度，两者的差距从2014年开始逐渐缩小。以上分析说明制造业企业数字化水平对出口技术复杂度存在一定影响，数字化转型可能是企业出口技术复杂度的关键因素。

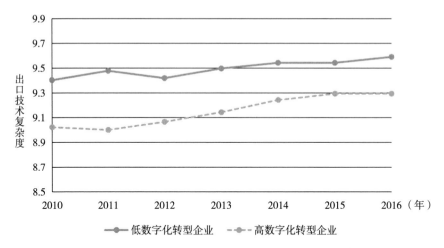

图 5-7　2010—2016 年中国高、低数字化转型制造业上市公司出口技术复杂度

四、基准回归结果

为了探究数字化转型对制造业企业出口技术复杂度的影响，首先将核心解释变量 $Digit_{it}$ 对企业出口技术复杂度进行回归，然后依次加入控制变量及固定效应，回归结果如表 5-2 所示。表 5-2 中，第（1）列中仅控制了企业个体和年份固定效应，其回归结果表明，在不加入任何其他控制变量的情况下，制造业企业数字化转型对出口技术复杂度的影响在 5% 的显著水平上为正，表明制造业企业数字化转型对出口技术复杂度具有显著的促进作用，并且数字化转型指数每提高 1 个单位，出口技术复杂度提高 41.8%。如前文基准模型的设定，考虑到行业层面和省级层面均可能存在着随时间变化的无法观测的异质性。因此，本章在第（2）列将行业—年份及省份—年份交互固定效应引入回归模型。在第（3）列和第（4）列中加入了控制变量。回归结果显示，随着交互固定效应和控制变量的加入，模型的拟合优度有所提高，且回归系数稳定在 1% 的水平上显著为正，由此，本章的假说 1 得到验证。

表 5-2　基准回归结果

变量	（1） ln*Esi*	（2） ln*Esi*	（3） ln*Esi*	（4） ln*Esi*
Digit	0.418 ** （2.365）	0.506 *** （2.616）	0.445 ** （2.489）	0.526 *** （2.719）
ln*size*			−0.053 （−1.181）	−0.062 （−1.297）
growth			0.062 * （1.779）	0.078 ** （2.063）
ln*pay*			−0.017 （−1.101）	−0.018 （−1.148）
asset			−0.128 * （−1.731）	−0.140 （−1.646）
ln*age*			0.073 （0.532）	0.084 （0.589）
prof			−0.217 （−0.769）	−0.259 （−0.848）
debt			−0.047 （−0.453）	0.005 （0.042）
年份固定效应	是	是	是	是
企业固定效应	是	是	是	是
行业—年度 固定效应	否	是	否	是
省份—年度 固定效应	否	是	否	是
样本量	4737	4708	4688	4659
R^2	0.821	0.838	0.822	0.840

注：括号内数值为 t 统计量；***、**、* 分别代表 1%、5% 和 10% 的显著性水平。

五、稳健性检验

（一）改变聚类方式

本章在基准回归过程中采用的是聚类到企业层面的标准误，但考虑到同一行业内的企业出口技术复杂度可能存在共性，不同行业间企业的出口技术复杂度可能存在差异；同时，考虑到同一地区内的企业出口技术复杂度也可能存在共性，而不同地区间的企业出口技术复杂度可能存在差别，因此，此处参照张叶青等（2021）、崔惠玉等（2023）的做法，将标准误的聚类层级提高到行业和省份层面，即采用"行业—省份"层面的聚类方式，再次进行回归，回归结果如表5-3第（1）列所示，核心解释变量 Digit 的系数依然显著为正，结论稳健。

（二）替换解释变量

在前文基准回归中，核心解释变量是基于第二章所述数字化转型的测算方法三，即陈东和郭文光（2024）的测算方法。此处分别基于测算方法一，即赵宸宇等（2021）的测算方法以及测算方法二，即吴非等（2021）的测算方法，更换解释变量，对基准模型进行检验，回归结果如表5-3第（2）列和第（3）列所示，数字化转型系数的绝对值大小虽有所改变，但回归结果的符号与显著性保持稳健，证明基准回归结果可靠。

表5-3　稳健性检验结果

变量	（1） ln*Esi*	（2） ln*Esi*	（3） ln*Esi*
$Digit_1$	0.526* （1.796）		
$Digit_1$		2.824** （2.108）	
$Digit_2$			4.574* （1.774）
ln*size*	−0.062 （−1.055）	−0.066 （−1.554）	−0.069 （−1.633）
growth	0.078*** （2.933）	0.071** （2.019）	0.071** （2.020）
ln*pay*	−0.018 （−0.830）	−0.020 （−1.283）	−0.020 （−1.265）

续表

变量	（1） ln*Esi*	（2） ln*Esi*	（3） ln*Esi*
asset	−0.140[*]	−0.126	−0.125
	（−2.030）	（−1.635）	（−1.623）
ln*age*	0.084	0.079	0.086
	（0.426）	（0.589）	（0.639）
prof	−0.259	−0.316	−0.318
	（−1.166）	（−1.018）	（−1.024）
debt	0.005	0.028	0.030
	（0.038）	（0.259）	（0.278）
年份固定效应	是	是	是
企业固定效应	是	是	是
行业—年度固定效应	是	是	是
省份—年度固定效应	是	是	是
样本量	4655	4976	4976
R^2	0.840	0.844	0.843

注：括号内数值为 t 统计量；[***]、[**]、[*]分别代表 1%、5% 和 10% 的显著性水平。

（三）内生性检验

企业的数字化转型程度越高，通常意味着该企业拥有较强的创新意识、较高的成产率和管理水平，其出口技术复杂度通常也会越高。因此，上述实证研究分析中，可能存在反向因果关系；同时，基于文本分析等方法测算的数字化转型指标与企业实际的数字化转型水平可能存在偏误，因而可能导致与数字化转型存在相关性的不可观测变量受到影响，进而导致估计结果偏误（戴翔和马皓巍，2023）[①]。为解决由此带来的内生性问题，此处利用工具变量和两阶段最小二乘法（IV-2SLS）进行稳健性检验。首先，采用大多数学者惯用的做法，对数字化转型数据进行滞后一期处理，重新带入模型进行检

---

① 戴翔、马皓巍：《数字化转型、出口增长与低加成率陷阱》，《中国工业经济》2023年第 5 期。

验分析。其次，借鉴柏培文和张云（2021）[1]、戴翔和马皓巍（2023）以及衣长军和赵晓阳（2024）等，选用外生地理因素作为工具变量，具体而言，本章选取上市公司所在城市与距其最近的港口的质心距离作为外生因素来构造工具变量。一方面，与沿海港口距离越近的城市，基础设施越完善，开放度越高，这能显著提升该城市的数字化转型程度，因此 IV 与数字化转型水平应为显著的负相关关系；另一方面，企业所在城市的地理特征是自然地理条件外生决定的，虽然地理因素对企业出口存在一定的影响，但是随着交通通信技术以及互联网技术的快速发展，城市早期的地理特征已不再是影响企业出口的关键因素，与企业出口技术复杂度的相关性很小，因而，这一工具变量满足外生性条件。具体做法是，首先，本章以高德地图和 2006 年交通部（现交通运输部）发布的《全国沿海港口布局规划》为依据，根据各上市公司所在城市的经纬度与各沿海港口的经纬度，测算出各城市与其最近的沿海港口的距离。其次，将此距离与全国互联网宽带接入端口数[2]的交互项取自然对数作为工具变量 IV。最后，采用 IV-2SLS 对模型进行实证检验。

表 5-4　内生性检验结果

变量	（1） *Digit*	（2） *Digit*	（3） ln*Esi*	（4） ln*Esi*
L. Digit	0.529 *** （25.722）			
*IV*1		−0.139 *** （−10.04）		
Digit			6.078 ** （2.025）	4.462 *** （3.545）
控制变量	是	是	是	是
年份固定效应	是	是	是	是
企业固定效应	是	是	是	是

① 柏培文、张云：《数字经济、人口红利下降与中低技能劳动者权益》，《经济研究》2021 年第 5 期。

② 数据来源于工业和信息化部历年《通信业统计公报》。

变量	（1） *Digit*	（2） *Digit*	（3） ln*Esi*	（4） ln*Esi*
行业—年份 固定效应	是	是	是	是
省份—年份 固定效应	是	是	是	是
Wald F 统计量		661.624 ［16.380］		100.838 ［16.380］
样本量	4131	4659	4131	4659

注：括号内数值为 t 统计量；***、**、* 分别代表 1%、5% 和 10% 的显著性水平。

从表 5-4 第（1）列和第（2）列所示第一阶段的回归结果来看，所选两个工具变量的估计系数均在 1% 的水平上显著为正，满足工具变量的相关性检验；同时，Wald F 统计量数值均大于 10% 水平下的临界值（16.380），拒绝了弱工具变量的原假设，证实了所选工具变量的有效性；第（3）列和第（4）列分别展示了两种工具变量法第二阶段的回归结果，结果显示，核心解释变量 *Digit* 对出口技术复杂度的估计系数均显著为正，与基准结果保持一致。因此，经过内生性检验，本章的实证结果仍然可靠。

六、影响机制分析

根据本章提出的假说 2 和假说 3，数字化转型可以通过提高企业的技术创新能力和资源配置效率两种渠道提高制造业企业的出口技术复杂度。为了对这两种路径进行实证检验，本文借鉴江艇（2022）关于机制检验的相关建议，构建如下计量模型：

$$\ln INov_{it} = \beta_0 + \beta_1 Digit_{it} + \beta_2 X_{it} + \nu_i + \nu_t + \nu_{indt} + \nu_{prot} + \omega_{it} \tag{5.2}$$

$$TFP_{it} = \beta_0 + \beta_1 Digit_{it} + \beta_2 X_{it} + \nu_i + \nu_t + \nu_{indt} + \nu_{prot} + \omega_{it} \tag{5.3}$$

其中，$LnINov_{it}$ 和 TFP_{it} 作为两个中介变量，分别用来衡量企业技术创新能力和企业资源配置效率。

（一）技术创新能力渠道

本章借鉴袁建国等（2015）的做法，借助企业当年发明专利申请数量

加 1 取对数来体现制造业企业的技术创新能力，具体的回归结果如表 5-5 第
（1）列所示，核心解释变量 *Digit* 的估计系数在 10% 的水平上显著为正，反
映企业数字化转型对技术创新能力具有显著的促进作用。基于已有文献，企
业技术创新能力的提高可以显著促进出口技术复杂度的提升（毛其淋和方森
辉，2018；郑丹青，2021；方杰炜和施炳展，2022；杨青龙和张欣悦，2022）。
因此，基于以上机制检验结果和已有文献的相关研究结论，企业数字化转型
可以通过技术创新渠道促进出口技术复杂度的提升，证明了本章假说 2。

（二）资源配置效率渠道

本章借鉴范冬梅等（2019）的研究方法，借助企业的全要素生产率来
衡量企业的资源配置效率。采用李文森和彼得标（Levinsohn，Petrin，2003）
的 LP 估计法对全要素生产率进行测算，较好地克服样本约束、内生性和估
计偏差等问题①，回归结果如表 5-5 第（2）列所示，核心解释变量 *Digit* 的
估计系数在 5% 的水平上显著为正，从而证实了数字化转型对企业资源配置
效率的显著促进作用。基于已有文献，企业资源配置效率及全要素生产率的
提高可以促进出口技术复杂度的提升（李宏和乔越，2021；袁其刚等，
2022；盛斌和毛其淋，2017）。因此，基于以上机制检验结果和已有文献相
关研究结论，企业数字化转型可以通过资源配置效率渠道促进企业出口技术
复杂度的提升，证明了本章假说 3。

表 5-5　机制检验结果

变量	（1） ln*INov*	（2） *TFP*
Digit	0.120* （1.824）	0.093** （2.204）
控制变量	是	是
年份固定效应	是	是
企业固定效应	是	是

① 此处也用第四章所采用的奥利和佩克斯（Olley，Pakes，1996）的 OP 方法进行了稳
健性检验，实证结果稳健。

续表

变量	（1） ln*INov*	（2） *TFP*
行业—年份固定效应	是	是
省份—年份固定效应	是	是
样本量	4150	4183
R^2	0.936	0.984

注：括号内数值为 t 统计量；***、**、*分别代表 1%、5%和 10%的显著性水平。

七、异质性分析

（一）基于企业所属行业要素密集度的异质性分析

如前文所述，本章参考李雪冬等（2018）的做法，根据要素密集度将制造业企业划分为三类，即劳动密集型行业、资本密集型行业和技术密集型行业，进而对三个样本分别进行实证回归，结果如表 5-6 所示，在劳动密集型行业样本中，核心解释变量数字化转型 *Digit* 的系数在 10%的显著性水平上为正；在资本密集型行业样本中，*Digit* 的系数不显著；而在技术密集型行业样本中，*Digit* 的系数在 1%的显著性水平上为正，且系数最大，意味着数字化转型指数每提高 1 个单位，企业出口技术复杂度提高 60.9%。可能的原因在于，技术密集型行业本身存在技术累积优势，企业进行数字化转型的产业基础较好，对企业出口技术的促进作用较为明显；在劳动密集型行业中，随着数字化转型水平的提高，对企业出口技术复杂度提升的边际"溢出"效应较强；而在资本密集型行业中，由于较多地依赖于资本的长期投入，数字化转型的效果尚未显现。

表 5-6　行业要素密集度异质性检验结果

变量	劳动密集型行业 ln*Esi*	资本密集型行业 ln*Esi*	技术密集型行业 ln*Esi*
Digit	0.533* （1.828）	-0.006 （-0.010）	0.609*** （2.727）

变量	劳动密集型行业 ln*Esi*	资本密集型行业 ln*Esi*	技术密集型行业 ln*Esi*
控制变量	是	是	是
年份固定效应	是	是	是
企业固定效应	是	是	是
行业—年份固定效应	是	是	是
省份—年份固定效应	是	是	是
样本量	353	897	3294
R^2	0.933	0.764	0.850

注：括号内数值为 t 统计量；***、**、*分别代表 1%、5%和 10%的显著性水平。

（二）基于企业所有制类型的异质性分析

如图 5-4 所示，我国国有企业和非国有企业的数字化转型呈现出异质性，此处为考察两类企业数字化转型对其出口技术复杂度的影响，同样将样本分为国有企业和非国有企业两类，并分别进行回归分析，回归结果如表 5-7 所示，国有企业和非国有企业数字化转型都会显著提升其出口技术复杂度，但国有企业组核心解释变量的系数更大，表明相对于非国有企业，国有企业数字化转型对其出口技术复杂度的提升效果更大。可能的原因是，国有企业在政府支持下，更容易享受到数字化转型中所需要的资源（戚聿东和蔡呈伟，2020），融资成本更低，数字化转型进程面临的制约因素较少，从而一旦开始进行数字化转型，其对出口技术复杂度的促进效果就能较快的显现出来。

表 5-7 基于企业所有制类型异质性检验结果

变量	国有企业 ln*Esi*	非国有企业 ln*Esi*
Digit	1.509* (1.906)	0.302* (1.741)
控制变量	是	是
年份固定效应	是	是

续表

变量	国有企业 lnEsi	非国有企业 lnEsi
企业固定效应	是	是
行业—年份固定效应	是	是
省份—年份固定效应	是	是
样本量	1425	3156
R^2	0.807	0.867

注：括号内数值为 t 统计量；***、**、* 分别代表 1%、5% 和 10% 的显著性水平。

（三）基于企业所属区域的异质性分析

如图 5-3 所示，我国东部地区和中西部地区企业的数字化转型水平存在显著差异，因此，此处检验制造业企业的地区分布对数字化转型过程对出口技术复杂度的异质性影响；回归结果如表 5-8 所示，东部地区企业样本中，核心解释变量的估计结果在 5% 的显著性水平上为正，然而中西部地区样本中，核心解释变量的估计结果并不显著。可能的原因是，我国中西部地区受制于地理位置不利、经济发展不发达、数字基础设施建设水平有限等因素的制约，企业数字化转型相对更加困难，出口企业密度较低，数字化转型对于企业出口技术复杂度的影响尚未得到有效释放。

表 5-8　基于企业所处区域的异质性检验结果

变量	东部地区 lnEsi	中西部地区 lnEsi
$Digit$	0.568 ** （2.559）	0.238 （0.746）
控制变量	是	是
年份固定效应	是	是
企业固定效应	是	是
行业—年份固定效应	是	是
省份—年份固定效应	是	是
样本量	3378	1244
R^2	0.844	0.839

注：括号内数值为 t 统计量；***、**、* 分别代表 1%、5% 和 10% 的显著性水平。

本章小节

本章主要研究了数字化转型对中国制造业企业出口技术复杂度的影响及其作用机制。本章对企业数字化转型与出口技术复杂度进行了微观测算，并在理论分析的基础上，系统检验了 2010—2016 年间数字化转型对中国制造业企业出口技术复杂度的影响。本章得出的主要结论有：第一，中国制造业企业数字化转型对出口技术复杂度具有促进作用。通过改变回归模型的聚类方式、替换核心解释变量等稳健性检验和内生性检验之后，核心结论仍然成立。第二，参考江艇（2022）关于机制分析的建议，实证检验验证了企业数字化转型可以通过提升技术创新能力和资源配置效率两条路径推动出口技术复杂度增长。第三，异质性结果说明，技术密集型行业、劳动密集型行业、国有企业，以及位于东部地区的企业，其数字化转型能够更显著的提高企业的出口技术复杂度。而数字化转型并未显现出对资本密集型行业及中西部企业出口技术复杂度的显著提升效果。

基于本章的理论和实证研究结果，提出对策建议如下：

首先，数字化转型可以提高企业的出口技术复杂度，优化企业出口质量和结构，促进我国出口贸易高质量发展。因此，政府应当充分认识数字化转型对我国出口"提质增效"的作用，通过推进数字技术与实体经济的深入融合，培育出口企业外贸竞争新优势，打破企业在全球价值链中"低端锁定"的困局。在推进企业数字化转型进程中，统筹发展与安全，在加快 5G、工业互联网及大数据等新型数字基础设施建设的基础上，加强大数据安全技术能力建设水平，加强数据安全和新型监管体系建设，为企业实施数字化转型战略创造良好环境。

其次，充分发挥数字化转型对企业技术创新能力提升的促进作用，进而推动企业出口技术复杂度提升。在国内外形势发生深刻变化之际，我国出口面临"提质增效"的重要任务，制造业企业迫切需要通过技术创新能力的提升来破解价值链低端锁定状态。数字化转型对企业培育数字新质生产力具有极为重要的意义，在数字要素供给、数字技术和数字平台等多层面对企业创新能力提升提供支撑。然而，企业的数字化转型并非易事，尤其是中小型制造企业，在转型过程中可能会存在"不敢转""不想转""不会转"等问题，面临工业软件、操作系统、关键技术设备等高适配性数字供给受制于人、转型成本较高的难题，投入产出存在不确定性、回报期长等周期性问题的困扰以及数字化转型过程中内外协作有限、人才缺乏和创新成果缺乏有利保护等诸多挑战。因此，政府在推动数字化进程中的角色至关重要，应精准施策，有机组合财税金融各类普惠政策和转型政策，并优化政策传导机制，切实保障政策落地的普惠度和企业的获得感。可以为制造业企业，尤其是中小企业数字化转型提供更多资金和资源的支持，切实减轻企业数字化转型成本。企业自身也须积极调整自身战略，增加对数字化转型和创新资源的投入；注重人力资本的持续优化，引育并举，加强对员工数字化技能培训，激发其积极参与数字化转型和技术改革的内在动力；同时通过优厚待遇和激励机制吸引高端数字化人才和技术人才；积极推进产学研协同，加强与科研院所、研发机构的深度合作，着力攻克核心技术难题。

再次，以数字化转型助力资源配置效率提升，推动出口技术复杂度升级。企业竞争的本质是资源配置效率的竞争，企业应该注重通过数字化转型，优化业务流程、提高经营管理能力，实现生产要素的自由有序流动。同时，我国制造业企业应深度融入数字化大潮中，参与到垮区域、跨行业、跨企业的数字经济网络中，实现规模经济和范围经济，实现更高层次的资源优化配置。在此过程中，政府应加快建立全国统一的市场制度规则，打破市场分割和地方保护，为各类资源的协调和整合提供良好的市场环境，引导资源向高成长性的创新型行业集聚，释放更强的内生动力。

最后，应充分考虑企业异质性，循序渐进，精准施策。由全国工商联经济服务部、国家发展改革委宏观经济研究院、中国工业互联网研究院、中国信息通信研究院、中央财经大学等机构联合发布的《2022中国民营企业数字化转型调研报告》显示，大中型企业在数字化转型的资源投入、组织保障、转型模式与转型成效方面均好于小微企业，超过八成的小微民营企业反馈尚未开展数字化或处于初步探索阶段,而大企业自建系统及应用、设置数字化转型专门部门和上云用云情况均处于领先状态,对数字化转型成效的评价也普遍更高。同时,本章研究发现数字化转型对企业出口技术复杂度的影响在不同区域企业、不同所有制企业和不同要素密集度企业层面存在一定异质性。因此,应鼓励不同区域、不同所有制、不同规模企业间加强数字化协同,建立数字化信息共享平台和交流平台,加强优质企业向弱势企业的技术支持,以行业龙头企业、产业链"链主企业"的"技术外溢"助力"专精特新"中小企业孵化成长,助推上下游产业协同,打造适应未来产业升级方向的数字生态共同体,进而带动出口技术复杂度的提升。同时,政府应该进一步完善数字经济的整体规划和顶层设计,为中西部地区的数字基础设施建设及数字经济发展提供更多政策支持。另外,政府应当向我国非国有企业,尤其是向作为经济发展生力军的民营企业提供更多政策及资源支持,充分激发其数字化转型的动力和活力,这对于我国数字经济的高质量发展至关重要。

第 六 章

数字化转型对中国企业跨境并购的影响

——来自中国 A 股上市公司的微观证据

近年来，随着企业"走出去"步伐的不断加快，中国已成为对外投资大国，在国际资本市场扮演着越来越重要的角色。根据《中国对外直接投资统计公报（2023）》的数据，2023 年中国的对外直接投资流量为 1772.9 亿美元，对外直接投资存量达到了 2.95 万亿美元，分别占全球当年流量、存量的 11.4% 和 6.7%，均列全球国家（地区）排名的第三位。而跨境并购作为对外直接投资的重要方式之一，是新发展格局下我国参与国际大循环的重要一环，也是企业国际化的重要标志。在国内外环境深刻变化的背景下，我国企业跨境并购近年来势头有所削弱，在国际市场，尤其是发达经济体市场，面临新的问题和挑战。如前文第三章第四节所述，2017 年以来，中国跨境并购的交易金额和交易数目总体呈现下降趋势。从国内来看，国内投资监管部门对我国海外投资加强了监管，中国企业的海外投资行为日趋理性，同时，国内市场蓬勃发展，较多的投资机遇带来较高的投资回报率，让海外并购在资本回报率上相形见绌。从国际环境来看，主要发达国家对外国直接投资的审查范围不断扩大，审批日趋收紧；新冠疫情危机、逆全球化浪潮和地缘政治风险升级的叠加，使得投资风险和不确定性不断提升，这也进一步削弱了中国企业海外并购的热情和势头。

数字经济正在颠覆企业的生产经营模式，改变全球资源的配置方式，成为新一轮经济全球化的关键驱动因素（陈伟光和钟列炀，2022；杨攻研等，2022）。数字化转型是数字经济发展的重点，已成为激发企业创新活力、提升国家竞争力的核心驱动。近年来，我国政府积极推动数字化转型。《"十四五"数字经济发展规划》显示，"十三五"时期，我国深入实施数字经济发展战略，不断完善数字基础设施，加快培育新业态新模式，推进数字产业化和产业数字化取得积极成效。

伴随着数字化转型的深入，数字技术的应用有利于企业实现组织变革，简化工作流程，更高效率地嵌入全球生产网络、分工网络及全球化经营网络，提高跨境并购的交易效率；大数据应用可以有效减少信息不对称，增强企业跨境并购中的网络信息优势，帮助企业识别、评估和管理跨境并购活动中的风险，为企业决策提供切实可靠的依据，提高交易的可持续性和成功率。通过数字化转型，企业可以提升自己的技术水平和创新能力，增强自身的竞争力，更好地适应全球化市场的挑战和机遇。因此，在全球数字经济大发展的背景下，探究我国如何抓住数字化转型的战略机遇，助力企业高质量"走出去"成为当前值得研究的学术问题。然而，目前数字化转型对中国企业跨境并购的影响却仍未得到学界的充分关注。

当今世界正经历百年未有之大变局，我国企业在进行跨境并购决策时，要更加注重对海外投资风险和营商环境的全面、系统判断。前文文献中总结了数字化转型的经济效应、跨境并购的影响因素及数字化转型与对外直接投资及跨境并购相关的研究。文献研究表明，目前学术界关于跨境并购影响因素的研究主要聚焦在一些传统因素，如国家或产业发展水平的差异、包括双边投资协定等在内的制度质量、近年来较为热点的经济政策不确定性等方面，而对于数字化转型对企业跨境并购影响的关注却有所缺失，尚未有文献将其纳入传统的企业跨境并购理论进行深入分析。因此，本章首先从理论层面探索数字化转型对企业跨境并购的影响及作用机制，在此基础上对此核心问题进行系统的实证检验。本章的研究在数字化转型与企业国际化行为之间建立起直接联系，丰富了企业跨境并购影响因素以及企业数字化转型经济效应的研究边际，具有较强的理论意义。本章基于国泰安 CSMAR 数据库构造的微观数据，实证检验了数字化转型对企业跨境并购广延边际和集约边际的微观影响，对于指导政府合理制定跨境并购相关政策以及指导企业科学实施数字化转型，具有较强的现实意义。

第一节　数字化转型影响企业跨境并购的理论分析

一、数字化转型影响企业跨境并购的基本逻辑

（一）数字化转型与企业跨境并购决策

学者们普遍认为数字技术是数字化转型的核心工具，为企业提供了丰富的数据来源以及便捷的信息化服务，因此数字化转型在企业跨境并购中发挥"信息效应"，帮助企业发现并购机会并成功实施并购决策（王霞，2024）。一方面，数字化转型水平的提高，意味着企业将拥有更加丰富的数字资源和更高的数字技术水平，能够突破传统生产要素的边界，快速实现数据的可视化，降低信息搜寻成本，对研发设计、生产制造、销售营销等业务流程中产生的大量非结构化数据进行处理，从而高效生成结构化、标准化的信息，快速把握市场形势并确定未来战略方向，确定并购协同效应更强的并购目标，形成数据驱动并购决策模式，降低并购中的不确定性，克服企业在国际市场上可能遇到的商业障碍。另一方面，数字化转型中，企业信息技术将得到更充分的利用，作为知识生产的重要推动者，对跨境并购中的知识重组具有重要意义［董和杨（Dong，Yang），2019］。这将有利于提高企业应对海外市场风险的能力，减少供应链"断链"风险，实现供需精准对接，增强供应链"补链"能力；打破并购方和被并购方之间的信息壁垒，有效解决在传统并购重组中，并购前的商务沟通以及并购后的资源整合等活动中面临较高内部协调成本的问题［金和马奥尼（Kim，Mahoney），2006］。

基于上述分析，本章提出假说 1：数字化转型对企业跨境并购决策具有正向影响。

（二）数字化转型与企业跨境并购规模

数字化转型对企业跨境并购规模存在多重影响。一方面，企业数字化转型有利于企业海外经营活动的扩张。数字化转型的过程伴随着数字技术的应

用，而数字技术作为无形资产，是企业进行跨境并购的重要助推器（蒋殿春和唐浩丹，2021）；数字化转型能够提高企业对国际市场的感知能力和应对能力，有利于帮助企业开拓国际市场，提高国际化广度（王墨林等，2022）①；数字化转型通过强化所有权优势、提升内部化动力与克服外来者劣势促进了中国企业的对外直接投资（刘小迪等，2024）；数字化转型在企业并购中发挥信息效应与治理效应，有利于提高企业并购绩效（王霞，2024）。另一方面，企业通过数字化转型，将实现业务流程的优化和生产效率的提升，从而减少对外部资源的依赖，降低对跨境并购的需求。从全球价值链的角度来讲，随着跨国企业价值链的数字化和在线市场的广泛应用，企业海外"轻资产"化程度会相应提高，因为数字化企业能够以更少的资产和海外员工成功进入国外市场，海外资产在整体业务中的占比将有所下降，因此，跨国企业的海外投资强度会相应减少（詹晓宁和欧阳永福，2018）。即便没有在海外设立实体公司，企业也能通过减少海外员工的聘用和投资规模的降低来实现全球化经验［伊登（Eden），2016］。

另外，从企业经营的角度来讲，数字化对企业经营的影响具有多重性。数字化通过商业模式创新带来绩效的提升，但同时从管理的角度来讲，引进数字技术是在企业系统中添加新变量，会引起系统的震荡，需要重新规划工作流程，培训或者引进专业人才，协调生产与销售之间的关系，增加管理成本（戚聿东和蔡呈伟，2020）。企业在进行数字化转型时，需要审慎评估自身对数字化生产经营模式的适应能力，以及企业对于市场资源的吸收和整合能力。如果企业的动态能力不足，可能会遭遇包括资金周转、成本管控、数据信息安全以及技术升级等方面的困境，而这些挑战将削弱企业拓展国际市场的能力，限制其在全球市场上的竞争力和增长潜力（王如萍和张焕明，2023）。

基于上述分析，本章提出假说2：数字化转型对企业跨境并购规模的影响取决于正负两方面作用效果的大小。

---

① 王墨林等：《数字化转型对企业国际化广度的影响研究：动态能力的中介作用》，《外国经济与管理》2022年第5期。

二、数字化转型影响企业跨境并购的理论机制分析

大量文献研究已表明，数字化转型能显著提高企业的全要素生产率 [巴赫希等（Bakhshi, et al.），2014；杜明威等，2022a；赵宸宇等，2021]。① 例如，赵宸宇等（2021）研究表明，数字化转型可以通过优化人力资本结构、先进制造业和现代服务业两业融合水平、提高企业运营水平等渠道，提高企业全要素生产率。黄星刚等（2022）研究表明，数字化转型企业将数字技术融入企业日常运营和管理中，同时基于数字技术实现资源配置的全面优化，从而有助于企业全要素生产率的提升。

新新贸易理论的企业异质性模型框架下，全要素生产率是推动企业进入海外市场对外直接投资的关键因素，能够通过对外直接投资进入海外市场的企业通常拥有较高的生产率，而生产率较低的企业则只能选择出口或者内销 [赫尔普曼等（Helpman, et al.），2004]。

基于上述分析，本章提出假说3：企业全要素生产率是数字化转型影响企业跨境并购决策的重要渠道。

大量研究表明，数字化转型能够促进企业创新能力的提升（王可和李连燕，2018；卢福财和金环，2020；顾国达等，2017；黄群慧等，2019）。例如，企业借助数字技术能够实现资源共享，增强对外部知识和技术的吸收，加速新产品构想和创新理念的形成（洪俊杰等，2022）；数字化转型能够加强企业与外部组织的沟通和信息交换，收集更多有价值的资源，有助于企业实现更有效的创新战略，为企业带来更大的竞争优势 [阿布泽丹等（Abouzeedan, et al.），2013；帕里达和奥特奎斯特（Parida, Örtqvist），2015②]；数字化转型能够强化其信息优势，优化尽职调查流程，完善内部控制机制，并提升风险预警能力，进而推动企业创新绩效的显著提高（杨

---

① 本书第四章已对此进行理论阐述。

② Abouzeedan, A., et al., "Internetization Management as A Facilitator for Managing Innovation in High-Technology Smaller Firms", *Global Business Review*, Vol. 14, No. 1（2013）pp. 121–136.

攻研等，2022）。

海默（Hymer，1976）提出所有权优势是企业开展国际投资活动的必要条件，而企业的创新能力、技术水平和管理能力等被视为所有权优势的主要来源。波特（Porter，1990）[①] 认为，跨国公司在国际市场上获得成功的关键在于其具备竞争优势，而竞争优势来源于创新，因此，技术创新能力的提升能够促进企业对外直接投资。同时，已有文献研究表明，企业创新能力的增强会促进企业进行跨境并购决策（罗晓娜，2020）；数字化转型通过强化所有权优势、提升内部化动力和克服外来者劣势助力中国对外直接投资"增量提效"（刘小迪等，2024）。创新能力的提高可以增强企业的国际竞争力，强化其市场地位；企业能力较强的企业往往拥有更多新技术、新产品和更先进的管理经验；拥有更强的对海外风险及不确定性因素的应对能力，这些都能强化企业的所有权优势，促进其"走出去"进行跨境并购。

基于上述分析，本章提出假说4：企业的创新能力是数字化转型影响企业跨境并购决策的又一渠道。

第二节 数字化转型影响中国企业跨境并购决策的实证分析

一、实证模型构建

关于数字化转型是否会促进企业实施跨境并购决策，本节建立 Probit 二值模型进行实证研究。模型如公式（6.1）和公式（6.2）所示，分别从企业的数字化转型决策和数字化转型水平两个维度来进行分析。

$$MA_{it} = \alpha + \beta D\_Digital_{it} + \beta_0 X_{it} + \mu_t + \mu_{ind} + \varepsilon_{it} \tag{6.1}$$

$$MA_{it} = \alpha_0 + \beta_0 Digital_{it} + \beta_1 X_{it} + \mu_t + \mu_{ind} + \varepsilon_{it} \tag{6.2}$$

其中，i、t 分别表示企业和年份，MA_{it} 为被解释变量，表示企业 i 在 t 年是否选择进行跨境并购，若进行跨境并购则取值为 1，否则为 0。在公式（6.1）

---

① Porter, M. E., *The Competitive Advantage of Nations*, The Free Press, 1990, New York.

中，核心解释变量为 $D\_Digital_{it}$，表示企业是否选择进行数字化转型的虚拟变量；在公式（6.2）中，核心解释变量为 $Digital_{it}$，表示企业 i 在 t 年的数字化水平，X_{it} 为企业层面的一系列控制变量。μ_t 和 μ_{ind} 分别表示年份固定效应和企业所在行业的固定效应，ε_{it} 则是随机误差项。

二、数据来源及变量设定

（一）数据来源

本章以 A 股上市公司作为研究对象，数据均来源于国泰安 CSMAR 数据库。如前文所述，由于我国企业数字化转型从 2010 年开始迅速发展，因此将研究区间设定为 2010—2021 年。① 核心解释变量数字化转型的测算参照前文所述测算方法二，即吴非等（2021）的做法。为了提高样本的合理性，本章剔除了并购方为 ST、＊ST 以及金融业企业的样本；剔除了在"避税天堂"，如英属维尔京群岛、开曼群岛、百慕大群岛等地进行交易的观测值（刘青等，2017）；剔除主要变量严重缺失的样本。

（二）变量设定

1. 被解释变量

并购决策（MA）：有并购行为的企业记为 1，无并购行为的企业记为 0。

2. 核心解释变量

数字化转型决策（D_Digital）：企业是否选择数字化转型虚拟变量，企业进行了数字化转型记为 1，未进行数字化转型记为 0。

数字化转型水平（Digital）：以吴非等（2021）测度方法中各企业数字化转型年度词频总和加 1 并取对数来表示。

3. 控制变量

结合已有的文献研究，本章选择如下控制变量：（1）企业规模（lnsize），规模较大的企业通常拥有更强的资本运作能力和应对海外市场风险和不确定性的能力，用企业的总资产的自然对数来表示；（2）企业年龄

---

① 在数据整理过程中，发现 2022 年部分指标数值缺失较严重，因此将样本设定到 2021 年。

（lnage），企业年龄与企业的经营能力、经验积累以及人力资本积累密切相关，对企业跨境并购决策产生直接影响，由当年的年份减去企业的成立年份，再进行对数化处理；（3）资产负债率（debt），反映企业资产配置结构，资产负债率较高的企业往往面临较强的融资约束、存在融资难的目的困境，因此对跨境并购决策会更加慎重，由企业总负债与总资产之比来测度；（4）企业总资产净利润率（roa），反映企业资产综合利用效果，净利润率越高，意味着企业利用资产获取利润的能力就越强，而这意味着企业拥有更强的资产能力去完成海外并购交易；（5）企业成长性（growth），能够体现企业的市场前景和可持续创新能力，用营业收入增长率来表示；（6）董事人数（board）：董事会规模较大的企业在进行跨境并购等重大决策时，容易产生分歧，从而影响企业的"走出去"行为。主要变量的描述性统计如表6-1所示。

表 6-1　变量描述性统计

变量	观测数	均值	标准差	最小值	最大值
MA	33256	0.101	0.301	0.000	1.000
D_ Digital	33256	0.627	0.484	0.000	1.000
Digital	33256	1.355	1.414	0.000	6.380
lnage	33250	2.870	0.361	0.000	4.159
lnsize	33256	22.140	1.334	15.580	28.636
debt	33256	0.415	0.211	0.007	2.529
roa	33255	0.044	0.075	−1.130	0.969
growth	33239	0.181	0.391	−0.544	2.414
board	33213	2.125	0.199	1.099	2.890

注：作者根据样本整理。

三、描述性统计

为了更清楚地观察企业数字化转型与其跨境并购决策的关系，从而探究其可能的内在联系，样本期内每年数字化及非数字化转型企业个数与跨境并购笔数的总体变化趋势如图 6-1 所示。可以看到样本期内，数字化转型企业的个数呈现出较快的增长趋势，非数字化转型企业的个数总体呈现出较稳定的逐年减少的趋势；2010—2013 年非数字化转型企业的个数多于数字化转型企业，而从 2014 年开始，非数字化转型企业的个数开始低于数字化转型企业的个数，且两类企业的数目相差越来越大。与此同时，从 2013 年起，随着越来越多的企业开始走上数字化转型之路，数字化转型企业的跨境并购交易数目开始高于非数字化转型企业的跨境并购交易数目，尤其是在 2013 年至 2018 年期间，数字化转型企业的数目与其跨境并购交易数目均出现非常快速的增长，呈现出较强的正相关关系。而非数字化转型企业的数目及其跨境并购交易数目均呈现下降趋势。由此，提示我们企业数字化转型决策与跨境并购交易决策直接可能存在正相关关系。

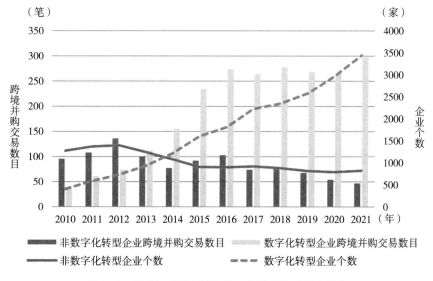

图 6-1　2010—2021 年我国企业数字化转型个数与
跨境并购交易数目的总体变化趋势

数据来源：作者根据研究样本统计得出。下同。

样本期内企业数字化转型水平及跨境并购交易数目的总体变化趋势如图 6-2 所示。显然，企业数字化转型水平呈现逐年提高的态势，同时企业的跨境并购交易数目总体也呈现上升趋势，尤其是 2010 年至 2016 年期间，是我国企业跨境并购较活跃的时期。总体而言，数字化转型水平和企业跨境并购交易笔数大致也呈现出同步增长的正相关关系。

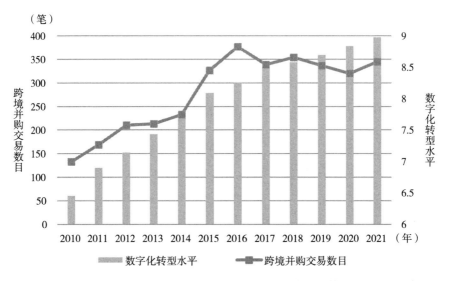

图6-2 2010—2021年我国企业数字化转型水平与跨境并购数目的总体变化趋势

四、基准回归结果

企业是否数字化转型以及企业数字化转型水平对企业跨境并购决策影响的基准估计结果如表6-2和表6-3所示。在基准回归中，对控制变量采取了递进回归策略。首先，在表6-2和表6-3的第（1）列中排除控制变量，只对核心解释变量进行估计；其次，在第（2）列中加入企业层面相关控制变量进行估计；最后，在第（3）列中进一步加入行业固定效应和年份固定效应进行估计。同时，为了减弱异方差和自相关问题对实证结果产生的干扰，采用聚类到企业层面的标准误。

从表6-2可以看出，核心解释变量 $D\_Digital$ 的系数均在1%的水平上显著为正，表明实施数字化转型对企业跨境并购决策具有积极的推动作用。同时，从表6-3可以看出，核心解释变量 $Digital$ 的系数也均在1%的水平上显著为正，表明数字化转型水平的提高会促进企业作出跨境并购决策；企业数字化转型的深入，伴随着数字化技术应用水平的提高以及企业数字化组织

变革的推进，而这将提高企业实施海外并购决策的概率。由此，理论假说 1
得到验证。这对于理解数字化转型对更高水平对外开放的影响具有重要的经
济意义（衣长军和赵晓阳，2024）。

表 6-2 基准回归结果：是否数字化转型

变量	（1） *MA*	（2） *MA*	（3） *MA*
D_ Digital	0. 165 *** （6. 740）	0. 145 *** （5. 752）	0. 161 *** （5. 708）
lnage		−0. 152 *** （−3. 941）	−0. 082 * （−1. 793）
lnsize		0. 107 *** （8. 664）	0. 129 *** （9. 731）
debt		0. 067 （0. 886）	0. 152 * （1. 904）
roa		0. 332 * （1. 894）	0. 355 ** （1. 974）
growth		−0. 000 （−0. 504）	−0. 000 （−0. 462）
board		−0. 242 *** （−3. 578）	−0. 259 *** （−3. 754）
企业所在行业的 固定效应	否	否	是
年份固定效应	否	否	是
样本量	33256	33195	33195

注：括号内数值为 t 统计量；***、**、* 分别代表 1%、5% 和 10% 的显著性水平。

表 6-3 基准回归结果：数字化转型水平

变量	（1） *MA*	（2） *MA*	（3） *MA*
Digital	0. 043 *** （4. 914）	0. 039 *** （4. 278）	0. 058 *** （5. 118）

续表

变量	（1） MA	（2） MA	（3） MA
lnage		−0.143*** （−3.713）	−0.080* （−1.756）
lnsize		0.109*** （8.808）	0.128*** （9.601）
debt		0.069 （0.912）	0.159** （1.985）
roa		0.347** （1.975）	0.374** （2.080）
growth		−0.000 （−0.525）	−0.000 （−0.479）
board		−0.244*** （−3.604）	−0.254*** （−3.683）
企业所在行业的 固定效应	否	否	是
年份固定效应	否	否	是
样本量	33256	33195	33195

注：括号内数值为 t 统计量；***、**、* 分别代表 1%、5% 和 10% 的显著性水平。

五、稳健性检验

（一）替换被解释变量

本章将跨境并购决策变量替换为若企业在样本期内首次实施跨境并购行为记为 1，则该年之后的所有年份都记为 1，其余年份记为 0。据此得到的回归估计结果见表 6-4 第（1）列和第（2）列，企业是否进行数字化转型以及数字化转型水平的系数均在 1% 的水平上显著为正，结论保持稳健，本章假设 1 再次得以验证。

（二）缩尾处理异常值

为避免样本中存在的异常值对回归结果的影响，本章对被解释变量及所有解释变量在上下 1% 的水平上进行了缩尾处理。回归估计结果见表 6-4 第

（3）列和第（4）列。数字化转型的估计系数均显著，且与基准回归结果保持一致，结论稳健。

表 6-4　稳健性检验：替换被解释变量、缩尾处理异常值

变量	（1）MA	（2）MA	（3）MA	（4）MA
D_ Digital	0. 133*** (4. 079)		0. 157*** (5. 580)	
Digital		0. 060*** (4. 174)		0. 057*** (5. 006)
控制变量	是	是	是	是
企业所在行业的固定效应	是	是	是	是
年份固定效应	是	是	是	是
样本量	33193	33193	33195	33195

（三）替换核心解释变量

关于数字化转型的量化，学者们给出了不同的方法，这里对数字化转型的测算方法进行替换，以检验本文核心结论的稳健性。首先，采用前文第二章的测算方法一，基于赵宸宇等（2021）的文本分析方法对企业是否数字化转型以及数字化转型程度进行测算，并进行回归分析，估计结果分别如表 6-5 和表 6-6 第（1）列所示。其次，采用前文第二章的测算方法三，即借鉴陈东和郭文光（2024）的文本分析法对企业是否数字化转型以及数字化转型程度进行测算，估计结果分别如表 6-5 和表 6-6 第（2）列所示。再次，参考陈中飞等（2022），采用数字化无形资产占总资产的比重这一指标进行检验，具体来讲，首先根据数字化相关词频整理上市公司年报中无形资产的明细项目，然后对这些明细项目按年度进行加总，进而计算出数字化无形资产占总资产的比重。按照这一指标是否为 0，构造企业是否进行数字化转型这一变量；基于这一比重，作为数字化转型程度的替代变量，并分别进行检验，估计结果如表 6-5 和表 6-6 第（3）列所示。最后，采用数字化宏

微观结合法对数字化转型进行测算（陈东和郭文光，2024），这一指标具体包括：数字化技术与战略（人工智能技术词频、区块链技术词频、云计算技术词频、大数据技术词频和数字技术应用词频），数字化投资（数字资本投入量、数字人力投入量、数字基础设施建设情况和科技创新基地建设情况），数字化管理（技术创新程度、流程创新程度和业务创新程度），数字产业化（行业发明专利数量、所在行业 R&D 活动情况、行业新产品开发及销售情况、行业数字化技术强度、行业数字资本投入强度、行业人力资本投入强度、城市光缆密度、城市移动交换机容量和城市互联网宽带接入用户规模以及城市移动互联网用户规模）①，估计结果分别如表 6-5 和表 6-6 第（4）列所示。显然，企业是否选择进行数字化转型以及数字化转型程度两个核心解释变量的系数均显著为正，说明本章的结论不受核心指标测算方法的影响，结论保持了较强的稳健性。

表 6-5　稳健性检验：是否数字化转型

变量	（1） *MA*	（2） *MA*	（3） *MA*	（4） *MA*
D_ Digital	0.127 * （1.748）	0.121 *** （4.271）	0.068 ** （1.985）	0.102 *** （3.060）
控制变量	是	是	是	是
企业所在行业的固定效应	是	是	是	是
年份固定效应	是	是	是	是
样本量	33195	27328	27328	27328

注：括号内数值为 t 统计量；***、**、* 分别代表 1%、5% 和 10% 的显著性水平。

---

① 数据主要源自 CSMAR 团队与华东师范大学工商管理学院企业管理系"智能工商与科创企业管理"研究团队联合研发的《中国上市公司数字化转型研究数据库（2021）》。

表 6-6　稳健性检验：数字化转型水平

变量	（1） *MA*	（2） *MA*	（3） *MA*	（4） *MA*
Digital	0.058 ***	0.331 **	0.070 ***	0.089 ***
	（5.118）	（2.465）	（3.298）	（2.824）
控制变量	是	是	是	是
企业所在行业的 固定效应	是	是	是	是
年份固定效应	是	是	是	是
样本量	33195	27200	21729	25822

注：括号内数值为 t 统计量；***、**、*分别代表 1%、5%和 10%的显著性水平。

（四）考虑外生政策冲击的影响

2013 年 8 月，国务院发布了《国务院关于印发"宽带中国"战略及实施方案的通知》，并随后由国家发展改革委、工业和信息化部于 2014 年、2015 年及 2016 年分三批选出 120 个城市作为政策示范点。① 参考李万利等（2023）、赵涛等（2020）② 的相关研究，基于"宽带中国"城市试点政策这一外生冲击，采用双重差分法进行稳健性检验。

选取该试点政策的原因在于：一方面，企业数字化转型的应用与企业所在地的网络基础设施建设密切相关，而"宽带中国"试点城市政策为企业数字化转型提供了良好的外部网络基础设施支撑；另一方面，企业所在城市是否入选试点城市名单，并不由企业本身发展状况所决定，与企业的跨境并购行为并不相关，因此具有较好的外生性。具体做法为，设置 treat 和 post 两个变量，若上市公司所在城市入选试点名单，则将 treat 赋值为 1，否则为 0；上市公司所在地入选试点名单的当年及之后的年份，将 post 赋值为 1，否则为 0。在此基础上，将 treat * post 作为解释变量进行内生性检验，回归结果如表 6-7 所示。第（1）列中未加入控制变量和固定效应，treat * post

---

① 具体试点城市名单见附录。

② 赵涛等：《数字经济、创业活跃度与高质量发展——来自中国城市的经验证据》，《管理世界》2020 年第 10 期。

的系数为 0.078，在 1%的水平上显著，说明"宽带中国"试点城市政策提高了企业进行跨境并购的概率；第（2）列中加入了行业固定效应和年份固定效应，treat * post 的系数为 0.099，仍然在 1%的水平上显著；第（3）列加入企业层面相关控制变量，并控制行业固定效应和年份固定效应，treat * post 的系数为 0.091，仍然在 1%的水平上显著，与前文研究结果保持一致。因此，在考虑了"宽带中国"试点政策这一外生冲击的影响后，本章的核心结论依然成立，进一步验证了结果的稳健性。

表 6-7　稳健性检验：考虑外生政策冲击的影响

变量	（1）MA	（2）MA	（3）MA
*treat * post*	0.078 *** （3.062）	0.099 *** （3.028）	0.091 *** （2.779）
控制变量	否	是	是
企业所在行业的固定效应	否	否	是
年份固定效应	否	否	是
样本量	33256	33256	33195

注：括号内数值为 t 统计量；***、**、* 分别代表 1%、5%和 10%的显著性水平。

（五）内生性问题

一方面，企业的数字化转型程度越高，各地区的数字基础设施越完善，越有利于当地企业选择进行跨境并购，同时，跨境并购活动也可能反过来促进企业数字化转型水平的提升，因此数字化转型与跨境并购决策之间可能存在逆向因果关系。另一方面，如前文所述，基于文本分析等方法测算的数字化转型指标与企业实际的数字化转型水平可能存在偏误，因而可能导致与数字化转型存在相关性的不可观测变量受到影响，进而导致估计结果偏误（戴翔和马皓巍，2023）。因此，此处构建合适的工具变量对上述可能存在的内生性问题进行检验。

采用第五章第二节中构造工具变量的方法，选用外生地理因素作为工具变量（柏培文和张云，2021①；戴翔和马皓巍，2023；衣长军和赵晓阳，2024），具体而言，选取上市公司所在城市与距最近的港口的质心距离作为外生因素，并将此距离与全国互联网宽带接入端口数的交互项取自然对数作为工具变量 IV。如前文所述，一方面，与沿海港口距离越近的城市，基础设施越完善，开放度越高，该城市的数字化转型水平通常更高；另一方面，企业所在城市的地理特征是自然地理条件外生决定的，虽然地理因素对企业投资决策存在一定的影响，但是随着交通通信技术以及互联网技术的快速发展，城市早期的地理特征不再是影响企业海外投资决策的关键因素，因而，这一工具变量满足外生性条件。在此基础上，采用 IV-Probit 两步估计法，对模型进行检验。

表 6-8 前两列展示的是控制了行业固定效应和年份固定效应，未加入控制变量的两阶段回归结果。从第（1）列可以看出，IV 的估计结果为 -0.074，且在 1% 的水平上显著，因而工具变量的符号符合预期，即各上市公司所在城市与港口的距离越近，其数字化转型程度越高；从第（2）列可以看出，核心解释变量 $Digital$ 的估计结果为 1.336，且在 1% 的水平上显著，结论保持稳健。后两列展示的是加入企业层面控制变量，同时控制行业固定效应和年份固定效应的回归结果，IV 和核心解释变量的估计结果依然符合预期，且保持稳健。

表 6-8　内生性问题

变量	（1） *Digital*	（2） *MA*	（3） *Digital*	（4） *MA*
IV	-0.074^{***} (-16.202)		-0.076^{***} (-16.585)	
Digital		1.336^{***} (10.596)		1.455^{***} (11.164)
控制变量	否	否	是	是

---

① 柏培文、张云：《数字经济、人口红利下降与中低技能劳动者权益》，《经济研究》2021 年第 5 期。

续表

变量	（1） *Digital*	（2） *MA*	（3） *Digital*	（4） *MA*
企业所在行业的 固定效应	是	是	是	是
年份固定效应	是	是	是	是
R^2	0.386		0.399	
F	633.8		563.25	
Wald chi2		256.93***		447.60***
样本量	33256	33256	33195	33195

注：括号内数值为 t 统计量；***、**、* 分别代表 1%、5% 和 10% 的显著性水平。

值得注意的是，在 IV-Probit 第二步回归结果中，Wald 检验的 p 值均为 0.000，因此在 1% 的水平上认为数字化转型水平为内生解释变量。在基准回归中，*Digital* 变量的系数为 0.058；而此处 IV-Probit 的估计结果显示，*Digital* 变量的系数为 1.455，这表明，如果使用一般的 Probit 模型进行估计，由于忽略了 *Digital* 变量的内生性，将低估数字化转型水平对企业跨境并购决策的促进作用。

同时，本章对上述两组回归分别进行了弱工具变量检验，结果如表 6-9 所示。AR、Wald 的 p 值均在 1% 的水平上显著，因此应该拒绝"内生变量与工具变量不相关"的原假设，本章所选择的工具变量不是弱工具变量。

表 6-9　弱工具识别检验结果

Test	Statistic	p-value	Statistic	p-value
AR	183.25	0.0000	216.67	0.0000
Wald	112.27	0.0000	124.64	0.0000
控制变量	否		是	
企业所在行业的 固定效应	是		是	
年份固定效应	是		是	

六、影响机制检验

为了更深入地探究数字化转型对企业跨境并购的具体影响路径，检验本章的理论假设 3 和理论假设 4，本章参考江艇（2022）的方法，进行中介效应检验。

（一）企业全要素生产率

根据本章理论假设 3，数字化转型企业将数字技术融入企业日常运营和管理中，同时基于数字技术实现资源配置的全面优化，从而有助于企业全要素生产率的提升。这里采用 LP 方法来计算企业的全要素生产率，表 6-10 第（1）列和第（2）列分别展示了企业数字化转型决策和数字化转型程度对企业全要素生产率的影响。从估计结果可以看出，数字化转型决策和数字化转型水平的系数均在 1% 的水平上显著为正，即数字化转型将显著提高了企业全要素生产率水平。如前文理论假设部分所述，以往的学者研究认为，全要素生产率提高将促进企业作出跨境并购的决策（周茂等，2015；胡杰武和吴晖，2022；孔德培等，2022），因此，企业数字化转型能够通过提高企业全要素生产率，进而提高企业跨境并购的概率，理论假设 3 得以验证。

表 6-10　全要素生产率影响机制检验结果

变量	（1） MA-TFP	（2） MA-TFP
D_ Digital	0.089 *** （6.202）	
Digital		0.064 *** （9.092）
控制变量	是	是
企业所在行业的固定效应	是	是
年份固定效应	是	是
R^2	0.708	0.711
样本量	29103	29103

注：括号内数值为 t 统计量；***、**、* 分别代表 1%、5% 和 10% 的显著性水平。

值得一提的是，尽管全要素生产率对于企业对外投资决策至关重要，但并不能决定企业投资金额的大小，因为企业投资规模更多地取决于企业海外业务的实际需求以及企业的战略决策，会因投资东道国、企业所处行业等众多因素的影响而表现出较大差异（严兵和张禹，2016）。例如，当本行业的国内市场环境表现出较大利好的时候，企业可能会更倾向于在国内市场扩张，降低对海外业务的依赖度，从而减少跨境并购规模。

（二）创新能力机制检验

根据本章理论假设4，数字化转型能够通过强化企业信息优势、加强企业与外部组织的沟通和信息交换等塑造其竞争优势，提高企业的创新能力。借鉴洪俊杰等（2022）的测度方法，以企业研发投入金额的自然对数作为企业创新能力的代理变量。表6-11第（1）列和第（2）列分别展示了企业数字化转型决策和数字化转型程度对企业创新能力的影响。从估计结果可以看出，数字化转型决策和数字化转型水平的系数均在1%的水平上显著为正，这表明数字化转型对企业创新能力的提升具有显著的正向促进作用。根据以往学者的研究，企业创新能力的提升将为企业带来特有竞争优势，有助于企业"走出去"开展海外投资活动［海默（Hymer），1976；波特（Porter），1990］；企业创新能力是推动企业做出跨境并购决策的重要因素（罗晓娜，2020；刘小迪等，2024）。创新能力较强的企业，可以更好地整合和利用企业内外部资源，在市场上拥有较强的竞争优势，有较强的应对海外市场风险和不确定性因素的能力，因此数字化转型带来的企业创新能力提升，将提高企业进行跨境并购决策的概率。由此，理论假设4得以验证。

表6-11 创新能力影响机制检验结果

变量	（1） *MA-INNO*	（2） *MA-INNO*
D_ Digital	0.233 *** （8.844）	
Digital		0.143 *** （13.275）

变量	（1） *MA-INNO*	（2） *MA-INNO*
控制变量	是	是
企业所在行业的固定效应	是	是
年份固定效应	是	是
R^2	0.553	0.560
样本量	27083	27083

注：括号内数值为 t 统计量；***、**、* 分别代表 1%、5% 和 10% 的显著性水平。

同样值得注意的是，企业创新能力的提升，意味着企业的自主研发能力较强，企业可以较有效地利用现有资源来实现企业的成长，而可能会减少对外部技术的依赖，尤其是减少通过技术寻求型对外直接投资或跨境并购来实现战略资产寻求。

七、异质性检验

（一）企业所有制类型异质性

为了验证不同所有制企业数字化转型对其海外并购决策的异质性表现，本章将样本划分为国有企业和非国有企业两大类进行分组回归。表 6-12 前两列展示了数字化转型决策与数字化转型程度对国有企业跨境并购决策的影响，后两列展示了数字化转型决策与数字化转型程度对非国有企业跨境并购决策的影响。从回归结果可以看出，无论是国有企业还是非国有企业，数字化转型决策均能触发企业的跨境并购决策，但数字化转型水平对国有企业跨境并购决策的回归系数并不显著。这可能是由于，一方面，从资本获取的角度来看，国有企业在资本市场中往往具有较强的融资能力和议价能力，更容易获得国家的信贷支持，而民营企业往往承担较高的债务融资成本［贝利等（Bailey，et al.），2011］①，数字化转型优化了面临较强融资约束的非国

---

① Bailey，W.，"Bank Loans with Chinese Characteristics：Some Evidence on Inside Debt in a State-Controlled Banking System"，*The Journal of Financial and Quantitative Analysis*，Vol. 46，No. 6（2011），pp. 1795-1830.

有企业的融资环境，对其海外并购决策的促进效应更加明显。另一方面，从数字化转型的动机来看，非国有企业要想在激烈的国际市场竞争中立足，迫切需要顺应数字化趋势，借助数字化转型来实现企业技术、管理水平的跃升；而相比之下，国有企业的海外投资决策对数字化转型的敏感度较低，承担着更多国家赋予的社会责任和公益使命，其海外投资的动机与对外援助、树立民族品牌等多重目标相关（衣长军和赵晓阳，2024），同时需要考虑地缘政治、国际关系等多方面因素的影响。

表 6-12　企业所有制类型：企业并购决策

变量	（1） MA-State	（2） MA-State	（3） MA-Nonstate	（4） MA-Nonstate
D_ Digital	0.100** （1.975）		0.137*** （4.049）	
Digital		0.029 （1.339）		0.040*** （3.046）
控制变量	是	是	是	是
企业所在行业的 固定效应	是	是	是	是
年份固定效应	是	是	是	是
样本量	11265	11265	21922	21922

注：括号内数值为 t 统计量；***、**、* 分别代表 1%、5% 和 10% 的显著性水平。

（二）企业所属行业异质性

制造业是现代经济的核心组成部分，对于我国经济的发展起着重要的支撑作用。根据《中国数字经济发展白皮书（2022）》的数据，数字经济结构正在持续优化，其中产业数字化的比重超过八成。而制造业和非制造业企业的海外投资存在诸多差异，企业数字化转型对海外投资决策的影响可能因行业异质性而存在差异。前文已经证实数字化转型对企业跨境并购决策具有赋能效应，进一步探讨数字化转型赋能效应是否会受到行业特征的影响，有助于全面刻画数字化转型与企业跨境并购决策之间的关系。因此，本章按照证监会《上市公司行业分类指引》，将样本划分为制造业和非制造业两组分别进行讨论，结果如表 6-13 所示。前两列中，$D\_Digital$ 和 $Digital$ 的系数均在 1% 的水平上显著为正，表明制造业企业的数字化转型决策和转型程度对其跨境并购决策都具有显著的正向影响，制造业企业进行数字化转型，以及数字化转型水平的越高，其作出跨境并购决策的可能性越高。后两列中，非制造业行业企业样本 $D\_Digital$ 和 $Digital$ 的系数均不显著，表明非制造业企业数字化转型对其跨境并购决策并无显著影响。可能的原因是，制造业行业的特点决定了它能够更好地利用智能化技术，赋能生产、物流、供应链管理等多个环节，提升资源配置效率，以及生产和管理效率，降低成本，提高自身的竞争力，不断拓展海外投资渠道，同时能够更好地应对不同国家的投资环境，提高跨境并购的概率；而非制造业企业的数字化转型可能更侧重于客户关系管理等服务型环节，在短期内，这对于提高企业跨境并购概率的作用是有限的。

表 6-13　企业所属行业：企业并购决策

变量	（1） MA-Manu	（2） MA-Manu	（3） MA-Nonm	（4） MA-Nonm
$D\_Digital$	0.195*** （5.830）		0.063 （1.202）	
$Digital$		0.068*** （5.147）		0.029 （1.327）
控制变量	是	是	是	是
企业所在行业的 固定效应	是	是	是	是
年份固定效应	是	是	是	是
R^2	0.027	0.026	0.032	0.033
样本量	21773	21773	11422	11422

注：括号内数值为 t 统计量；***、**、* 分别代表 1%、5% 和 10%的显著性水平。

（三）企业所属区域异质性

我国地域辽阔，因为地理位置、交通发达程度和资源开发程度不同等原因，我国东部地区和中西部地区的经济发展呈现出显著差距，因而，各地区企业之间在自身实力、数字技术、管理能力和国际化进程等方面均存在较大的差异，数字化转型对其跨境并购决策的影响也可能存在差异。为了深入研究这种地域性差异，本章对研究样本分东部和中西部地区进行了分组回归分析。①

跨境并购决策回归结果如表6-14所示，可以看出，东部地区企业数字化转型决策和数字化转型程度的回归估计系数均在1%的水平上显著为正，而中西部地区，数字化转型决策对企业跨境并购决策具有显著的促进作用，而数字化转型水平的高低并未对企业跨境并购决策产生显著影响。如前文第二章第二节对企业数字化转型程度的统计描述所示，我国中西部地区数字化转型水平普遍较低，与东部地区差距较大。这进一步提示我们，未来国家还须通过政策的持续发力，从宏观层面，不断完善中西部地区的数字基础设施建设，优化数字化环境；从微观层面，对中西部地区企业切实给予更多技术、融资等方面的具体政策帮扶，助力更多有条件的企业加快数字化转型步伐，以更好发挥其对企业国际化的积极促进作用。

表6-14　企业所属区域：企业并购决策

变量	（1） MA-East	（2） MA-East	（3） MA-M&W	（4） MA-M&W
D_ Digital	0.151*** （4.651）		0.122** （2.134）	
Digital		0.055*** （4.369）		0.029 （1.084）
控制变量	是	是	是	是
企业所在行业的固定效应	是	是	是	是
年份固定效应	是	是	是	是
样本量	23558	23558	9606	9606

注：括号内数值为t统计量；***、**、*分别代表1%、5%和10%的显著性水平。

_____

① 参考国家统计局的标准，对于东、中西部地区进行划分。

第三节　数字化转型影响中国企业
跨境并购规模的实证分析

本章第二节研究了数字化转型对企业跨境并购决策，即广延边际的影响，本节在上一节的基础上，进一步探讨数字化转型对企业跨境并购规模，即集约边际的影响。

一、实证模型构建

如前文理论部分所述，数字化转型可能赋予企业多种竞争优势，从而激励企业积极拓展海外市场，加速其国际化进程。然而，一个不可忽视的问题是，相对于未实施数字化转型的企业，实施数字化转型的企业通常本身就拥有较强的资本获取和运作能力、较高的生产率水平和创新能力、对外部市场环境较强的适应能力，以及对经济社会新趋势、新变化较灵活的应对能力。因此，企业的数字化转型行为是内生的。在本问题的研究中，体现为某些影响企业是否进行数字化转型的因素也将同时影响企业的跨境并购行为，由于这些因素或影响形式未知，或不可测度，或无法穷尽，因此被放入随机扰动项中，造成企业的数字化转型这一解释变量与扰动项相关。因此，数字化转型企业和非数字化转型企业的先验条件本身存在较大差异，从而将导致估计偏误问题，即存在自选择偏差。

对于自选择偏差导致的估计偏误，通常使用马代达拉（Maddala，1986）提出的处理效应模型（Treatment Effects Model）来缓解。该模型的构建基于Heckman两步法的思想，但与Heckman两步法或者样本选择模型存在本质的区别。最明显的区别在于：样本选择模型第一阶段回归的被解释变量是第二阶段被解释变量的虚拟变量，且该虚拟变量不参与第二阶段回归；而处理效应模型第一阶段回归的被解释变量 D_i 是第二阶段的核心解释变量，且取值为 0 或者 1，不存在缺失值。自选择偏差本质上是因遗漏变量而导致的内生性问题，被遗漏的变量也是逆米尔斯比率（Iverse Mills Ration，IMR），但其计算方法与样本选择偏差存在区别。具体而言，样本选择模型中所有样本的 IMR 采用同一个公示（6.3）计算，而处理效应模型中，D_i 取值为 1 和取值为 0 的样本 IMR 的计算公式不同，如公式（6.4）所示。

$$IMR_i = \frac{\varphi(\widehat{y_i})}{\Phi(\widehat{y_i})} \tag{6.3}$$

$$IMR_i = \begin{cases} \dfrac{\varphi(\widehat{y_i})}{\Phi(\widehat{y_i})}, & \text{if } D_i = 1 \\[3mm] \dfrac{-\varphi(\widehat{y_i})}{\Phi(-\widehat{y_i})}, & \text{if } D_i = 0 \end{cases} \tag{6.4}$$

处理效应模型的估计思路：第一步，使用 Probit 模型估计选择方程，其中选择方程的被解释变量是第二步回归中的核心解释变量 D_i，该解释变量为虚拟变量且不存在缺失值；选择方程的解释变量包括第二阶段回归中所有解释变量组成的控制变量集以及一个或多个外生变量组成的工具变量集 Z。Z 需要满足相关性和外生性，相关性指的是 Z 与原回归方程中的解释变量 D_i 相关，而非样本选择模型中要求的外生变量与被解释变量的 dummy 相关。第二步，基于第一步的选择方程对样本数据进行回归，并得到样本拟合值 $\widehat{y_i}$，进而根据公式（6.4）计算 IMR；之后将 IMR 作为额外的控制变量引入原回归方程中，考察核心解释变量以及 IMR 的估计系数。若 IMR 的估计系数显著，说明自选择偏差问题不可忽视，此时核心解释变量的系数是考虑了自选择偏差后的估计结果；而如果 IMR 的估计系数不显著，这说明自选择偏差问题在原回归中不明显。

由此，受模型的限制，本章对跨境并购规模的研究只从数字化决策层面来分析。具体地，在第一阶段回归中，采用 Probit 模型来估计企业的数字化转型决策。其中，被解释变量为企业是否选择进行数字化转型的虚拟变量（$D\_Digital$），外生变量（工具变量）采用各上市公司所在省份的互联网普及率（$IPrate$）。从相关性层面来讲，各省份的互联网普及率能够反映该地区数字基础设施建设的水平，与企业是否进行数字化转型存在相关性；从外生性层面来讲，这一省级层面的变量与企业的跨境并购规模并没有相关性。在此基础上，基于样本数据预测企业选择进行数字化转型的概率，并基于公示（6.4）计算出 IMR。在第二步回归中，将 IMR 作为控制变量引入模型，进而对数字化转型对企业跨境并购规模的影响进行更精准的估计。

第一阶段的选择方程为

$$D\_Digital_{it} = \alpha + \beta X_{it} + \gamma IPrate + \mu_t + \mu_{ind} + \varepsilon_{it} \qquad (6.5)$$

其中，$D\_Digital_{it}$ 表示企业 i 在 t 年是否有数字化转型行为，有记为 1，没有记为 0；X_{it} 表示企业层面的一系列控制变量；$IPrate$ 表示企业所在省份的互联网普及率，用互联网用户人数占常住人口总数的比率来进行衡量，是反映数字化、信息化基础设施建设的重要指标，作为此处理效应模型的工具变量。[①] μ_t 和 μ_{ind} 分别表示年份固定效应和企业所在行业固定效应。

第二阶段，测度企业数字化转型决策对其跨境并购规模的影响。设定回归方程如公式（6.6）所示，可以看到这一阶段的估计中包含了在第一阶段估计的基础上计算出的 IMR：

$$MAQ_{ict} = \alpha + \beta D\_Digital_{it} + \gamma X_{ict} + \delta IMR_{it} + \mu_t + \mu_{ind} + \mu_c + \varepsilon_{ict} \quad (6.6)$$

其中，MAQ_{ict} 表示 i 企业 t 年在 c 国的跨境并购规模，X_{ict} 为企业层面和东道国层面的控制变量，μ_c 为东道国固定效应。并购规模以国泰安 CSMAR 数据库中，上市公司并购支出价值的自然对数来进行衡量；基于已有文献研究，此处东道国层面的控制变量包括东道国贸易开放度（$open$），东道国的贸易开放度越高，企业对该国跨境并购的可能性越大；东道国市场规模（$market$），东道国的大规模市场优势对企业跨境并购更具有吸引力。

二、基准回归结果

处理效应模型的基准回归结果如表 6-15 所示，从第（1）列第一阶段估计结果可以看出，企业所在省份的互联网普及率（$IPrate$）对数字化转型决策的回归估计系数为 1.169，且在 1% 的水平上显著，符合预期；从第

[①]　数据来自历年《中国统计年鉴》。

（2）列第二阶段的估计结果可以看出，*IMR* 的系数为 1.439，且在 10% 的水平上显著，说明自选择偏差问题确实不可忽视；同时，数字化转型决策（*D_ Digital*）对企业跨境并购规模的估计系数为 −2.423，且在 10% 的水平上显著为负，说明企业数字化转型决策将对企业跨境并购规模产生负向影响。这可能是由于企业数字化转型通常需要投入大量资金、资源，以进行技术改造、业务流程重构和员工培训等，这必然增加企业财务负担。因此一旦企业管理层作出数字化转型决策，其跨境并购支出将相对下降。另外，数字化转型可以助力企业开发出更多差异化和创新型新产品，实现新的商业模式创新，更好地满足本土市场需求，提升企业在本土市场的竞争力，因此，这样可能导致企业减少对海外业务规模的需求，从而减少同期跨境并购规模。

表 6-15　基准回归结果

变量	（1） *D_ Digital*	（2） *MAQ*
D_ Digital		−2.423 ** （−2.036）
lnage	−0.126 （−1.232）	−0.346 （−1.615）
ln*size*	0.135 *** （4.316）	0.755 *** （9.839）
debt	0.006 （0.032）	−0.037 （−0.097）
roa	0.183 （0.410）	1.388 （1.570）
growth	0.017 （1.298）	−0.008 （−0.821）
board	−0.282 （−1.648）	−0.098 （−0.260）
open		2.367 （1.045）
market		−0.420 （−0.326）
IPrate	1.169 *** （3.881）	

变量	（1） *D_ Digital*	（2） *MAQ*
IMR		1. 439** （2. 069）
Constant	−3. 444*** （−3. 859）	2. 970 （0. 068）
企业所在行业的固定效应	是	是
年份固定效应	是	是
东道国固定效应	否	是
样本量	2192	2178

注：括号内数值为 t 统计量；***、**、* 分别代表 1%、5% 和 10% 的显著性水平。

三、稳健性检验

（一）缩尾处理异常值

为避免样本中存在的异常值对回归结果的影响，此处依然对被解释变量及所有解释变量在上下 1% 的水平上进行缩尾处理。回归估计结果如表 6-16 第（1）列和第（2）列所示。显然，从第一阶段回归结果来看，外生变量企业所在省份的互联网普及率（*IPrate*）对数字化转型决策的回归估计系数在 1% 的水平上显著为正，第二阶段 *IMR* 的估计系数在 10% 的水平上显著，核心解释变量数字化转型决策（*D_ Digital*）的估计系数依然在 10% 的水平上显著为负，与基准回归结果保持一致，结论稳健。

（二）替换解释变量

此处采用前文提到的数字化宏微观结合法对数字化转型进行测度（陈东和郭文光，2024），并基于此判定企业的数字化转型决策，替换原核心解释变量进行回归分析。结果如表 6-16 第（3）列和第（4）列所示，第一阶段外生变量核心解释变量 *IPrate* 对数字化转型决策的回归估计系数在 1% 的水平上显著为正，第二阶段 *IMR* 的回归估计系数显著为正，且核心解释变量的系数在 5% 的水平上显著为负。这说明在调整核心解释变量的测度指标后，核心结论依然成立。

表 6-16　稳健性检验

变量	（1）D_ Digital	（2）MAQ	（3）D_ Digital	（4）MAQ
D_ Digital		−2.761**（−2.301）		−0.321*（−1.808）
IPrate	1.180***（3.900）		1.419***（4.276）	
IMR		1.637**（2.334）		0.230**（2.462）
控制变量	是	是	是	是
企业所在行业的固定效应	是	是	是	是
年份固定效应	是	是	是	是
东道国固定效应	否	是	否	是
样本量	2192	2178	1869	1856

注：括号内数值为 t 统计量；***、**、* 分别代表 1%、5% 和 10% 的显著性水平。

本章小节

　　跨境并购作为我国企业国际化的重要手段，在我国外循环经济中发挥着关键作用。在数字经济推动下，越来越多的企业开始实施数字化转型战略。作为最大的新兴经济体，中国超大规模资本市场为探究数字化转型对企业跨境并购的影响提供了绝佳样本，具有重要的理论价值和现实意义。本章基于2010—2021 年中国上市公司跨境并购数据，对数字化转型决策和数字化转型水平对企业海外并购的影响及其作用机制进行了系统的理论分析和实证检验。研究表明：

　　第一，实施数字化转型决策能显著提高企业的跨境并购决策，且企业作出跨境并购战略决策的概率随着其数字化转型程度的加深而提高。这一结论在进行了替换解释变量和被解释变量、缩尾异常值、考虑外生政策冲击，以及内生性问题处理等一系列稳健性检验之后，结论依然成立。

第二，机制研究表明，企业数字化转型决策和数字化转型水平主要通过全要素生产率提高和创新能力提升来影响企业跨境并购决策的概率。

第三，从企业所有制的角度来看，数字化赋能效应在非国有企业样本中表现更加明显。无论是国有企业还是非国有企业，数字化转型决策均能触发企业的跨境并购决策，但数字化转型水平对国有企业跨境并购决策的回归系数并不显著。这可能是由于非国有企业的数字化转型动机更加强烈，迫切需要顺应数字化趋势，以在激烈的国际竞争中立足；同时，实施数字化转型优化了其融资环境，对其海外并购决策的促进效应更加明显。相比之下，国有企业的海外投资承担着更多国家赋予的社会责任和公益使命，其海外投资的动机与对外援助、树立民族品牌等多重目标相关，同时需要考虑地缘政治、国际关系等多方面因素的影响，因而对数字化转型的敏感度较低。

第四，从行业异质性的角度来看，数字化赋能效应在制造业企业样本中表现更加明显。制造业企业的数字化转型决策和转型程度对其跨境并购决策都具有显著的正向影响，而非制造业企业数字化转型对其跨境并购决策并无显著影响。这主要是由制造业行业本身的特点决定的，制造业企业作为我国数字化转型的主要实施阵地，能够更好地利用数字技术，赋能生产、物流、供应链管理等多个环节，提高自身竞争力，拓展海外渠道，从而有利于提高其进行跨境并购的概率。

第五，从地区层面来看，数字化赋能效应在东部地区样本中表现更加明显。东部地区企业数字化转型决策和数字化转型水平的提高有利于提高企业的跨境并购决策；中西部地区数字化转型决策对企业跨境并购决策具有显著的促进作用，而数字化转型水平的高低并未对企业跨境并购决策产生显著影响。中西部地区数字化转型水平普遍较低，未来国家还须通过政策持续发力，不断完善中西部地区的数字基础设施建设以及数字化环境，以更好发挥其对跨境并购决策的积极促进作用。

第六，企业数字化转型决策对跨境并购规模产生负向影响，这一结论在进行了替换解释变量和缩尾异常值等稳健性检验之后，结论依然成立。这提示，由于数字化转型和企业海外并购均涉及企业高额成本投入，因此企业要在数字化转型决策和跨境并购规模中作出选择，而数字化转型决策一方面可能会导致跨境并购规模的减少，另一方面数字技术的应用可能使得企业更好地满足国内市场需求，提高国内市场竞争力而减少对海外市场的依赖。

第 七 章

结论与政策启示

本书立足于中国企业的实际问题，为促进党和国家政策方针的落地提供理论支持和建议。党的二十大报告提出，"坚持高水平对外开放，加快构建以国内大循环为主体、国内国际双循环相互促进的新发展格局"①。习近平总书记强调，"中国开放的大门不会关闭，只会越开越大。以国内大循环为主体，绝不是关起门来封闭运行，而是通过发挥内需潜力，使国内市场和国际市场更好联通，更好利用国际国内两个市场、两种资源"②。中国的发展离不开世界，中国企业国际化行为对畅通国际循环具有重要意义。

近年来贸易保护主义抬头，经济全球化遭遇逆流，新冠疫情影响广泛深远，全球产业链、供应链面临巨大冲击，世界经济陷入持续低迷，国际经济大循环动能弱化，我国经济发展的国际环境错综复杂，面临新矛盾和新挑战。打通国际循环，促进我国企业出口和对外直接投资的稳定、健康发展，变得尤为重要。《国务院办公厅关于推动外贸保稳提质的意见》（国办发〔2022〕18 号）指出，各地方、各相关部门要以习近平新时代中国特色社会主义思想为指导，坚决贯彻党中央、国务院决策部署，高度重视做好稳外贸工作，在支持企业保订单方面加大工作力度，全力实现进出口保稳提质任务目标。对外投资是中国企业国际化的重要形式，也是中国与世界经济深度融合的重要桥梁。近年来，部分发达国家加强对外国企业投资的审查力度，限

---

① 《习近平著作选读》第一卷，人民出版社 2023 年版，第 23 页。
② 《习近平著作选读》第二卷，人民出版社 2023 年版，第 324 页。

制性和封锁性政策逐渐收紧，企业对外投资的不确定性风险加大。在此背景下，本书探讨了数字化转型对企业国际化行为的影响。通过匹配中国海关进出口数据库、国泰安 CSMAR 数据库、上市公司年报等主要数据库，采用指标测算与统计描述相结合的方法对企业数字化转型和国际化行为进行了系统的特征事实考察；在此基础上，综合运用理论分析和多种实证分析方法（面板固定效应模型、中介效应模型、Heckman 两阶段处理效应模型等），系统考察了数字化转型对企业出口数量和质量（出口技术复杂度）、企业跨境并购的广延边际和集约边际的影响。同时，对这一研究主题开展了丰富的稳健性检验、机制检验、内生性问题处理和异质性分析，构建了结论稳健、逻辑流畅、结论丰富的研究框架体系，为企业依托数字化转型赋能国际化行为提供了多维度的理论支持。

第一节　研究结论

本书第二章系统探究了中国企业数字化转型的特征事实。以 A 股上市公司年度报告作为基础样本，借鉴赵宸宇等（2021）、吴非等（2021）以及陈东和郭文光（2024）三种方法对我国上市公司的数字化转型程度进行了测算和统计分析，三种方法得出了较为一致的结论：（1）2001—2010 年我国企业数字化转型呈现出缓慢增长态势，从 2011 年开始逐渐进入迅速增长期，2020 年之后更是明显增长。这表明，随着市场竞争的日趋激烈以及政府一系列政策的推动，企业逐步认识到数字化转型的重要性和紧迫性，开始积极参与数字化转型。（2）在 2011 年以来的企业数字化转型迅速增长期，国有企业和非国有企业的数字化转型均呈现出逐渐增长的态势，但非国有企业的数字化转型程度开始领先于国有企业，体现出较强的数字化活力。（3）三大产业的数字化转型均从 2010 年以后开始实现较快增速；第三产业的数字化转型程度明显高于第二产业和第一产业；将制造业按要素密集度进行细分，发现技术密集型行业的数字化转型程度显著高于劳动密集型行业和资本密集型行业，在数字化转型中起到引领和带动作用；近年来劳动密集型行业数字化转型的速度有所放缓，资本密集型行业数字化转型程度与劳动密集型行业的差距在逐渐缩小。（4）东部地区的制造业企业数字化转型程度优于中西部地区，东部地区完善的产业链、供应链体系以及完善的创新生态系统，为企业数字化转型提供了良好的基础，而中西部地区受制于经济发展水平、产业结构和创新能力等，企业在数字化转型方面还面临诸多挑战。（5）数字化转型在跨境并购企业中得到普遍的推广和实施。从数字化转型的具体维度来看，企业更加重视数字技术应用和云计算的应用，对人工智能的重视程度近年来不断提高，区块链技术总体发展还较为滞后；从企业所有制类型来看，跨境并购的非国有企业数字化转型程度明显高于国有企业；从三大产业分布情况来看，跨境并购企业的数字化转型在三大产业中均呈现出跌宕起伏、波浪式上升的态势，但总体呈现上升趋势，第三产业数字化转型水平最高，第二产业稳步推进，服务业数字化转型程度优于制造业企业；计算机、通信和其他电子设备制造业的数字化转型水平在制造业企业中排名第一，这体现了信息技术作为数字化转型的重要驱动力，在数字化转型中发挥着重要的作用；从地区分布来看，跨境并购企业的数字化转型同样呈现出"东强西弱"特点。

第三章系统梳理了我国企业国际化的特征事实，基于海关进出口数据库、国泰安 CSMAR 数据库等权威数据，分别对企业出口、制造业企业出口技术复杂度以及企业跨境并购行为进行了统计分析。研究发现：（1）对我国上市公司 2001—2016 年出口的微观统计分析发现，从出口规模来看，自加入 WTO 以来，我国企业出口规模表现出强劲增长态势，除 2009 年受国际金融危机冲击有所下降之外，其他年份均保持稳健增长态势，年均增长率达到 25% 以上；从出口的行业分布来看，计算机、通信和其他电子设备制造业、黑色金属冶炼和压延加工业、电气机械和器材制造业三个行业的出口规模居前三位，且远高于其他制造业行业，占制造业前十大行业出口规模的 56%；从出口的国别和地区分布来看，在此样本期内，美国依然是我国最大的出口市场，且出口规模远高于其他国家和地区，占同期前十大出口伙伴国出口规模的 30% 以上；从出口的地区分布来看，我国东、中、西部出口的地区分布极不平衡。东部地区出口规模远高于中西部地区，在我国出口中起到引领作用；东部地区的出口规模约为中部地区的 3.6 倍，而中部地区的出口规模约为西部地区的 2.67 倍；从出口企业的所有权性质来看，非国有企业的出口规模远高于国有企业，是引领中国企业出口的主力军。（2）对制造业企业出口技术复杂度的测算结果表明，2012 年以来我国制造业上市公司的出口技术复杂度迅速提升；非数字化制造业企业的出口技术复杂度处于逐渐下降的趋势，而进行数字化转型的制造业企业则处于缓慢上升的趋势，两者差异明显；2012 年以来，国有企业的出口技术复杂度一直领先于非国有企业；我国高技术水平制造业企业出口技术复杂度低于低技术水平行业，中国制造业企业在出口技术复杂度方面存在瓶颈。（3）对我国企业跨境并购的统计分析发现，近年来，我国企业跨境并购行为趋于理性，交易数量和交易规模总体有所下降，这与国内监管部门对企业跨境并购更为严格的监管和审查，以及各发达经济体对外国直接投资审查制度的加强以及国际市场环境的深刻变化密切相关。A 股上市公司在我国跨境并购中，成为一支令人瞩目的力量。从行业分布来看，我国企业对外投资并购主要涉及采矿业、制造业、科学研究和技术服务业、信息传输/软件和信息技术服务业等 17 个行业大类。

第四章对数字化转型如何影响企业出口进行了理论分析和实证检验，研究结果表明：（1）数字化转型能够有效促进企业出口贸易规模的扩大，且该结论在替换被解释变量维度、替换解释变量和内生性问题处理等系列稳健性检验后依然成立。（2）机制检验表明数字化转型可以通过全要素生产率渠道和企业创新能力渠道促进企业出口贸易的增长。（3）异质性分析表明，数字化转型对国有企业出口的促进作用更大；数字化转型更有利于中西部地区企业出口规模的增长；数字化转型对发展中国家的出口促进效应更加显著。

第五章对数字化转型如何影响制造业企业的出口技术复杂度进行了理论分析和实证检验，研究结果表明：（1）制造业企业数字化转型显著提高了其出口技术复杂度，这一结论在进行了改变聚类方式、替换解释变量以及内生性问题处理等一系列检验之后，结果保持稳健；（2）机制分析发现，技术创新能力提高和资源配置效率提升是企业数字化转型促进出口技术复杂度提升的重要渠道；（3）异质性分析显示，制造业企业数字化转型对高技术水平企业、国有企业和东部地区企业的出口技术复杂度提升效应更为显著。

　　第六章对数字化转型如何影响企业跨境并购行为进行了理论分析和系统的实证检验，研究结果表明：（1）实施了数字化转型决策的企业会更容易作出跨境并购决策，且数字化转型水平越高，企业进行跨境并购的可能性越大，这一结论在进行了替换解释变量和被解释变量、缩尾异常值、考虑外生政策冲击，以及内生性检验等一系列稳健性检验之后，结论依然成立。（2）机制研究表明，企业全要素生产率提升和创新能力提升是数字化转型决策以及数字化转型水平提高企业跨境并购决策概率的两条重要渠道。（3）异质性分析表明，从企业所有制类型的角度来看，无论是国有企业还是非国有企业，数字化转型决策均能触发企业的跨境并购决策，但数字化转型水平对国有企业跨境并购决策的影响并不显著；从行业异质性的角度来看，制造业企业的数字化转型决策和转型程度对其跨境并购决策都具有显著的正向影响，而非制造业企业数字化转型对其跨境并购决策并无显著影响；从地区层面来看，东部地区企业数字化转型决策和数字化转型水平的提高有利于提高企业的跨境并购决策，而中西部地区，数字化转型决策对企业跨境并购决策具有显著的促进作用，而数字化转型水平的高低并未对企业跨境并购决策产生显著影响。（4）企业数字化转型决策对跨境并购规模产生负向影响。由于数字化转型和企业海外并购均涉及企业高额成本投入，因此企业要在数字化转型决策和跨境并购规模中作出选择，而数字化转型决策一方面可能会导致跨境并购规模的减少，另一方面通过更好地满足国内市场需求，提高国内市场竞争力而减少对海外市场的依赖。

第二节　政策启示

　　在国际市场不确定性风险提升的背景下，外贸增长主要依靠贸易的稳定性以及贸易产品质量或者技术密集度的提升，坚持推动外贸"保稳""提质"是我国外贸发展的现实需求。跨境并购是我国企业参与国际大循环的重要路径，也是我国扩大高水平对外开放、践行双循环新发展格局的必然要求。在企业数字化转型浪潮下，本书从理论和实证层面探究了数字化转型对企业国际化行为的影响，提出政策启示如下。

一、政府应充分认识数字化转型的重要意义

数字化转型有利于我国出口贸易的"保稳""提质"，并在企业跨境并购决策中发挥积极作用，而我国众多企业的数字化转型尚处于初级阶段。为了推动我国外循环经济的高质量发展，政府应重视人工智能、大数据、云计算等数字技术在优化企业出口规模、产品技术复杂度和跨境并购决策中的重要作用，通过推动数字技术与实体经济的深度融合，推进数字化技术成为稳步扩大出口并实现出口产品技术复杂度提升的重要手段，培育出口企业外贸竞争新优势；成为应对跨境投资风险和优化企业海外资产配置效率的重要手段，助力我国"走出去"企业行稳致远。

首先，政府应充分利用我国的制度优势，加快5G、工业互联网及大数据等新型数字基础设施建设，为企业数字化转型提供良好的"硬环境"。中央多次强调加快推进新型基础设施建设。"新型基建"的突出特点载于其全新的数字化技术体系，立足世界科技发展前沿，同时通过新技术的产业应用，催生大量创新业态，促进制造业技术改造和设备更新，支撑新兴服务业和新经济发展。另外，这为缩小我国东西部地区经济差距提供了契机。新型数字基础设施建设对传统的土地、资源要素需求相对不强，更着力于新一代信息技术、数据、资本及人才等高级要素的投入，欠发达地区抓住数字化契机，为当地企业数字化转型提供支撑。因此，政府应与通信设备服务商共同部署信息基础设施建设，加快推进新型数字基础设施提速降费，切实提高数字基础设施的可达性、可用性和普惠性，为企业，尤其是中小企业数字化转型提供良好的外部环境。

其次，政府应制定针对性政策，助力企业数字化转型。加强平台建设，

政府可与企业共建出口及跨境投资数据共享平台，简化出口及海外投资审批流程，提高审批效率，增强企业出口和跨境投资的信心。针对我国中小企业"不愿转、不敢转、不会转"的现实困境，设立数字化转型专项基金，在企业数字化技术引进及研发、数字化设备购买、数字化人才培育（如设立专业学院、提供奖学金和培训计划等）等方面，为企业提供转型资金支持和财政补贴，鼓励企业根据自身发展的阶段性特点，精准进行数字化转型，在全球数字市场抢占新高地；提高税收政策的精细化、个性化供给能力，在行业范围、政策参数、优惠门槛等方面改变"一刀切"的传统做法，使税收优惠政策更加适合数字企业的发展需求和经营特征；持续深化金融供给侧结构性改革，引导更多金融资源配置到数字化发展的前沿领域、关键环节和重要产业，通过设立数字化转型专项贷款、数字产业发展基金等形式，打通数字化企业融资"堵点"，不断拓展市场主体融资渠道，提高金融服务效率，扩大普惠金融的覆盖面和受益面，更好地满足中小企业的数字化发展需求。

最后，政府应该注重为企业营造开放、健康、安全的数字生态。政府应大力支持企业进行技术攻坚，推动数字产业链协同，鼓励企业在"硬软云网"不同层面实现优势互补，倡导形成市场化、竞合并存的生态发展机制；注重与全球数字生态的发展融合，加大与各国的技术合作，推进数字技术的创新突破；统筹发展与安全，通过立法执法保障数字化转型的规范化，加强数据安全和新型监管体系建设，加强关键信息基础设施协同防护，提高大数据安全技术能力建设水平，完善数据治理体系，降低数据安全风险，为企业实施数字化转型战略创造良好环境。

二、企业应精准施策，实现数字化高质量、可持续发展

首先，企业应以培育新质生产力为契机，实施创新驱动战略。企业数字化转型离不开创新驱动这一重要引擎，也是实现数字化可持续发展的根本路径。前文结论表明，数字化转型有利于企业更好地参与国际大循环，但如果数字化过程中只重视量的提升而不注重质的根本改善，这种"短视"的夸

张策略将不利于企业国际竞争力的长期提升。因此，企业应积极实施创新驱动战略，培育数字新质生产力，开展核心技术攻关，提升数字技术的研发和创新能力，与政府、高校、科研院所等建立合作机制，推进创新资源的整合与共享。另外，企业可在海外设立研发中心，实现国内外企业数字技术、资源的联合研发和推广，实现技术外溢效应。由此以来，有利于实现企业在数字新质生产力赛道上的可持续发展，并对企业的国际化行为产生持续稳健的推动作用。

其次，企业应基于自身发展水平和需要，因企制宜地制定数字化转型战略。不同行业、不同类型、不同数字化基础的企业在数字化转型路径选择上存在异质性，因此企业应立足自身发展实际，确定数字化转型的具体策略，注重提高数字技术与本企业生产技术的适配性。龙头企业、"链主企业"应积极带动中小企业进行数字化转型，通过共建、共享智能化平台，为中小企业数字化转型提供系统化支持，如低成本、模块化、易用性的数字化硬件支持、应用支持，提供购买咨询、过程维护与售后服务等，从而实现全产业链的数字化转型，提高系统性抗风险能力。各中小企业应精准把握国家及地方政府给予的优惠政策，积极学习标杆企业的共性问题解决方案，助力自身数字化转型。着力提升企业数字技术储备，将数字技术有机融入生产技术，同时通过数字化人才的引育并举，全面提高企业全要素生产率。

三、强化数字赋能，培育出口企业外贸竞争新优势

互联网、大数据和区块链等数字技术有利于畅通供需两侧信息的传输渠道，打破企业出口的信息壁垒，有效缓解了市场供需失衡问题。数字化转型将全面降低企业出口贸易在市场开拓、交易洽谈、交付和结算，以及物流运输等各环节的成本，为企业创造更广阔的盈利空间。因此，应充分发挥数字技术赋智赋能其他产业的重要作用，提高出口供应链韧性、降低经营成本，实现生产端和供应链的全方位数字化转型，推动我国向全球价值链高附加值的前沿领域加快攀升，不断培育和强化我国出口竞争新优势。本书研究结论表明，制造业企业数字化转型能够促进我国企业出口规模的扩大和出口产品

技术复杂度的提升。同时，应充分发挥数字化转型对企业全要素生产率以及技术创新能力提升的促进作用，进而促进企业出口"提质增效"。企业竞争的本质是资源配置效率的竞争，企业深度融入数字化大潮中，注重通过数字化转型，实现生产要素的自由有序流动，减少产业链条中的低效高耗供给。同时，在国内外形势发生深刻变化之际，制造业企业迫切需要通过技术创新能力的提升来破解价值链低端锁定状态。数字化转型对企业培育数字新质生产力具有极为重要的意义，在数字要素供给、数字技术和数字平台等多层面对企业创新能力提升提供支撑。在此过程中，政府应加快建立全国统一的市场制度规则，打破市场分割和地方保护，为各类资源的协调和整合提供良好的市场环境，引导资源向高成长性的创新型行业集聚，释放更强的内生动力。

以中小微企业为主的民营企业是我国第一大外贸经营主体，是我国外贸增长的主要支撑者和贡献者。然而，众多中小微企业在数字化转型中存在诸多痛点堵点，如面临工业软件、操作系统、关键技术设备等高适配性数字供给受制于人、转型成本较高的难题，投入产出存在不确定性、回报期长等周期性问题的困扰，以及数字化转型过程中内外协作有限、人才缺乏、创新成果缺乏有利保护等诸多问题。因此，政府应该精准施策，切实保障政策落地的普惠度和企业的获得感。首先，应对中小微企业应该加大政策倾斜力度，在财税、金融、保险、贸易便利化等方面形成政策合力，分担外贸中小微企业数字化转型的风险和成本，激发其数字化转型的动力和活力。其次，要充分发挥数字平台的作用，将大中型数字平台与大型国际博览展会平台互相联动，通过各环节、全流程的引领，为中小微企业提供进入国际市场的机会；同时发挥数字平台和大企业的引领作用，搭建大中小企业协同创新体制，带动产业链供应链上下游中小企业"链式"数字化转型。再次，建立完善的数字化转型服务体系，为中小企业数字化转型提供技术、管理、生产、法律等精准服务，开发便捷、成本低廉的场景数字化解决方案，带动外贸中小企业逐步实现数字化转型。最后，营造良好发展环境。加强国际合作，营造良好的外部发展环境的同时，各地方、各相关部门还要多点发力，持续优化外贸中小企业数字化改造的市场化、法治化、国际化营商环境，加快外贸中小企业转型升级和高质量发展。

四、把握数字化转型契机，促进企业"走出去"

跨境并购作为我国企业国际化的重要手段，在我国外循环经济中发挥着关键作用。本书研究表明，实施数字化转型决策能显著提高企业的跨境并购决策，且企业作出跨境并购战略决策的概率随着其数字化转型程度的加深而提高。然而，企业跨境并购决策对企业跨境并购规模产生负向影响。企业数字化转型决策及数字化转型水平主要通过全要素生产率提高和创新能力提升来影响企业跨境并购决策的概率。一方面，数字化转型给跨国企业带来了新的发展契机，政府应积极探索数字化转型促进企业"走出去"的相关政策体系，将数字化转型战略与国际化战略深度融合，制定精准的数字国际化战略。企业走出去是一项复杂的系统工程，面临诸多挑战，因此政府应强化对企业"走出去"的指导监管，遵循包容审慎原则，完善对外投资备案报告制度，用好境外企业和对外投资联络服务平台，加强"走出去"公共服务平台建设，增强相关公共服务产品对企业"走出去"的指导作用，加强部门间信息共享和协同，做好风险预警，为"走出去"企业保驾护航。另一方面，诸多中国企业依然面临数字化能力不足、出海之路面临多重障碍，如应对各国市场准入政策约束、财税合规政策、组织及供应链管理，以及全球化激烈竞争等，因此需要企业构建自身的数字化能力，夯实数字化底座，提升风险管控能力和竞争实力。另外，各行业企业应抱团出海，构建交流分享与合作平台，提高应对海外市场风险的能力。

五、充分考虑企业异质性，循序渐进，避免"一刀切"

如前文所述，大中型企业在数字化转型的资源投入、组织保障、转型模式与转型成效方面均好于小微企业，超过八成的小微民营企业反馈尚未开展数字化或处于初步探索阶段。同时，本书研究发现数字化转型对企业出口及跨境并购等国际化行为的影响在企业所属区域、企业所有制类型和行业要素密集度等层面存在一定异质性。因此，在推动企业数字化转型的过程中，应避免"一刀切"，根据企业的具体情况找准企业实施数字化转型的痛点、难点和堵点，切实保障政策效果。考虑到区域发展不平衡问题，政府应该进一步完善数字经济的整体规划和顶层设计，为中西部地区的数字基础设施建设及数字经济发展提供更多政策支持。考虑企业所有制问题，政府应当向我国非国有企业，尤其是向作为经济发展生力军的民营企业提供更多政策及资源支持，充分激发其数字化转型的动力和活力，这对于我国数字经济的高质量发展至关重要。同时，应该鼓励不同区域、不同所有制、不同规模企业间加强数字化协同，建立数字化信息共享平台和交流平台，加强优质企业向弱势企业的技术支持，以行业龙头企业、产业链"链主企业"的"技术外溢"助力"专精特新"中小企业孵化成长，助推上下游产业协同，打造适应未来产业升级方向的数字生态共同体。

参考文献

［1］安岗、张康：《要素价格扭曲、内需增长与企业出口竞争力提升》，《西部论坛》2022 年第 12 期。

［2］安筱鹏：《重构：数字化转型的逻辑》，电子工业出版社 2019 年版。

［3］柏培文、张云：《数字经济、人口红利下降与中低技能劳动者权益》，《经济研究》2021 年第 5 期。

［4］蔡跃洲、马文君：《数据要素对高质量发展影响与数据流动制约》，《数量经济技术经济研究》2021 年第 3 期。

［5］钞小静等：《新型数字基础设施如何影响对外贸易升级——来自中国地级及以上城市的经验证据》，《经济科学》2020 年第 3 期。

［6］车德欣等：《企业数字化转型对融资成本的影响与机制研究》，《金融监管研究》2021 年第 12 期。

［7］陈凤兰等：《制造业数字化转型与出口贸易优化》，《国际贸易问题》2022 年第 12 期。

［8］陈东、郭文光：《数字化转型如何影响劳动技能溢价——基于 A 股上市公司数据的经验研究》，《数量经济技术经济研究》2024 年第 3 期。

［9］陈伟光、钟列炀：《全球数字经济治理：要素构成、机制分析与难点突破》，《国际经济评论》2022 年第 2 期。

［10］陈岩、郭文博：《制度风险与跨国并购成败：大国外交和经济"软实力"的调节作用》，《世界经济研究》2018 年第 5 期。

［11］陈中飞等：《数字化转型能缓解企业"融资贵"吗》，《经济学动态》2022 年第 8 期。

［12］池毛毛等：《数字化转型背景下企业创新绩效的影响机制研究——基于 NCA 与 SEM 的混合方法》，《科学学研究》2022 年第 2 期。

［13］崔惠玉等：《绿色金融创新、金融资源配置与企业污染减排》，《中国工业经济》2023 年第 10 期。

［14］戴魁早：《技术市场发展对出口技术复杂度的影响及其作用机制》，《中国工业经济》2018 年第 7 期。

［15］戴魁早：《要素市场扭曲如何影响出口技术复杂度？——中国高技术产业的经验证据》，《经济学（季刊）》2019 年第 1 期。

［16］戴翔、金碚：《产品内分工、制度质量与出口技术复杂度》，《经济研究》2014 年第 7 期。

［17］戴翔、马皓巍：《数字化转型、出口增长与低加成率陷阱》，《中国工业经济》2023 年第 5 期。

［18］戴翔、张二震：《中国出口技术复杂度真的赶上发达国家了吗？》，《国际贸易问题》2011 年第 7 期。

［19］代中强：《知识产权保护提高了出口技术复杂度吗？——来自中国省际层面的经验研究》，《科学学研究》2014 年第 12 期。

［20］党琳等：《制造业行业数字化转型与其出口技术复杂度提升》，《国际贸易问题》2021 年第 6 期。

［21］丁声一等：《英国〈数字经济战略（2015—2018）〉述评及启示》，《电子政务》2016 年第 4 期。

［22］丁小义、胡双丹：《基于国内增值的中国出口复杂度测度分析——兼论"Rodrik 悖论"》，《国际贸易问题》2013 年第 4 期。

［23］杜明威等：《企业数字化转型与出口：来自中国上市公司的微观证据》，《世界经济研究》2022 年第 9 期。

［24］杜明威等：《企业数字化转型与中国出口产品质量升级：来自上市公司的微观证据》，《国际贸易问题》2022 年第 6 期。

［25］杜明威：《企业数字化转型的出口贸易效应研究：来自中国的微观证据》，博士学位论文，辽宁大学，2022 年。

［26］杜修立、王维国：《中国出口贸易的技术结构及其变迁：1980—2003》，《经济研究》2007 年第 7 期。

［27］段佳文：《数字化投入对企业出口技术复杂度的影响机制》，《北方经贸》2022 年第 9 期。

［28］范冬梅等：《中国制造业资源配置效率的重新估算——一个改进 HK 模型方法的应用》，《中南财经政法大学学报》2019 年第 1 期。

［29］范黎波等：《制造业企业数字化转型与出口稳定性》，《国际经贸探索》2022 年第 12 期。

［30］方杰炜、施炳展：《知识产权保护"双轨制"与企业出口技术复杂度》，《经济理论与经济管理》2022 年第 12 期。

［31］葛璐澜等：《中国对外直接投资的区位选择——基于东道国特征的视角》，《浙江学刊》2020第4期。

［32］谷均怡等：《数字化转型能否推动中国企业进口扩大——来自上市公司的经验分析》，《南方经济》2023年第11期。

［33］顾国达等：《信息化能否增进一国高技术产业的比较优势？——基于1995—2011年39国信息化和附加值贸易数据的实证研究》，《浙江大学学报（人文社会科学版）》2017年第3期。

［34］郭丰等：《企业数字化转型促进了绿色技术创新的"增量提质"吗？——基于中国上市公司年报的文本分析》，《南方经济》2023年第2期。

［35］郭家堂、骆品亮：《互联网对中国全要素生产率有促进作用吗?》，《管理世界》2016年第10期。

［36］韩国高等：《数字化转型与企业产能利用率——来自中国制造企业的经验发现》，《财经研究》2022年第9期。

［37］韩永辉等：《稳健外交关系驱动中国企业走出去——来自双边联合声明公报签订的证据》，《国际经贸探索》2022年第5期。

［38］韩永辉等：《双边投资协定与中国企业海外并购——来自准自然实验的证据》，《财经研究》2021年第4期。

［39］何小钢等：《信息技术、劳动力结构与企业生产率——破解"信息技术生产率悖论"之谜》，《管理世界》2019年第9期。

［40］洪俊杰等：《数字化转型、创新与企业出口质量提升》，《国际贸易问题》2022年第3期。

［41］胡洁等：《企业数字化转型如何影响企业ESG表现——来自中国上市公司的证据》，《产业经济评论》2023年第1期。

［42］胡杰武、吴晖：《全要素生产率、产业集聚和中国企业跨国并购》，《北京交通大学学报（社会科学版）》2022年第3期。

［43］胡馨月等：《搜寻成本、互联网与中国进口贸易：优进还是广进》，《浙江社会科学》2021年第5期。

［44］胡彦宇、吴之雄：《中国企业海外并购影响因素研究——基于新制度经济学视角的经验分析》，《财经研究》2011年第8期。

［45］胡杨等：《数字化转型与企业海外投资：事实考察与机理分析》，《财经论丛》2023年第6期。

［46］黄华灵：《企业数字化转型与全球价值链地位提升——基于资源配置视角》，《商业经济研究》2022年第7期。

［47］黄群慧等：《互联网发展与制造业生产率提升：内在机制与中国经验》，

《中国工业经济》2019 年第 8 期。

[48] 黄星刚等：《数字化转型与企业全要素生产率关系研究——基于资源配置视角的检验》，《价格理论与实践》2022 年第 11 期。

[49] 贾镜渝、李文：《经验与中国企业跨国并购成败——基于非相关经验与政府因素的调节作用》，《世界经济研究》2015 年第 8 期。

[50] 江诗等：《中外合资经验对跨国并购绩效的非线性影响：跨组织过程的学习模式》，《南开管理评论》2022 年第 3 期。

[51] 江艇：《因果推断经验研究中的中介效应与调节效应》，《中国工业经济》2022 年第 5 期。

[52] 蒋殿春、唐浩丹：《数字型跨国并购：特征及驱动力》，《财贸经济》2021 年第 9 期。

[53] 蒋为等：《数实融合与企业出口产品策略优化：基于柔性生产视角》，《世界经济》2024 年第 5 期。

[54] 金祥义、戴金平：《有效信息披露与企业出口表现》，《世界经济》2019 年第 5 期。

[55] 金祥义、施炳展：《互联网搜索、信息成本与出口产品质量》，《中国工业经济》2022 年第 8 期。

[56] 金晓燕、任广乾：《双循环新发展格局下国有企业数字化转型研究》，《中州学刊》2022 年第 5 期。

[57] 鞠雪楠等：《跨境电商平台克服了哪些贸易成本？——来自"敦煌网"数据的经验证据》，《经济研究》2020 年第 2 期。

[58] 孔德培：《全要素生产率提升对我国企业对外投资行为的影响研究》，《现代营销（经营版）》2022 年第 2 期。

[59] 孔德议：《知识转移与跨国并购绩效——基于文化和留任的调节效应》，《亚太经济》2017 年第 2 期。

[60] 孔苏漫：《中国制造业企业数字化转型对出口产品质量的影响》，硕士学位论文，上海外国语大学，2022 年。

[61] 雷万云主编：《数字化转型白皮书 2021》，中国企业数字化联盟，2021 年。

[62] 李兵、李柔：《互联网与企业出口：来自中国工业企业的微观经验证据》，《世界经济》2017 年第 7 期。

[63] 李海舰等：《互联网思维与传统企业再造》，《中国工业经济》2014 年第 10 期。

[64] 李宏、乔越：《数字化转型提高了制造业出口技术复杂度吗？——基于

国家信息化发展战略的拟自然实验》，《山西大学学报（哲学社会科学版）》2021年第 5 期。

［65］李俊久、张朝帅：《数字化转型与企业出口"提质增量"》，《世界经济研究》2023 年第 5 期。

［66］李俊青、苗二森：《不完全契约条件下的知识产权保护与企业出口技术复杂度》，《中国工业经济》2018 年第 12 期。

［67］李诗、吴超鹏：《中国企业跨国并购成败影响因素实证研究——基于政治和文化视角》，《南开管理评论》2016 年第 3 期。

［68］李婷婷等：《数字经济对出口产品质量的影响研究——基于创新的中介作用》，《科技与管理》2022 年第 4 期。

［69］李万利等：《企业数字化转型与供应链地理分布》，《数量经济技术经济研究》2023 年第 8 期。

［70］李万利等：《企业数字化转型与中国实体经济发展》，《数量经济技术经济研究》2022 年第 9 期。

［71］李秀娥、卢进勇：《中国企业跨境并购效率影响因素实证研究：基于制度视角》，《世界经济研究》2013 年第 5 期。

［72］李雪冬等：《互联网发展与制造业生产率提升：内在机制与中国经验》，《数量经济技术经济研究》2018 年第 5 期。

［73］李雪松等：《数字化转型、融入全球创新网络与创新绩效》，《中国工业经济》2022 年第 10 期。

［74］廖家友：《旅游服务贸易出口竞争力及影响因素研究——以西北四省（区）为例》，硕士学位论文，北方民族大学，2022 年。

［75］林川：《怎样的数字化转型更有利于企业国际化经营?》，《西部论坛》2023 年第 5 期。

［76］林发勤等：《扩大内循环可促进外循环的微观效应》，《数量经济技术经济研究》2022 年第 9 期。

［77］刘海洋等：《互联网、企业出口模式变革及其影响》，《经济学（季刊）》2020 年第 1 期。

［78］刘琳、盛斌：《全球价值链和出口的国内技术复杂度——基于中国制造业行业数据的实证检验》，《国际贸易问题》2017 年第 3 期。

［79］刘敏等：《双边政治关系与中国企业跨国并购成功率——基于联合国大会投票数据的研究》，《南方经济》2020 年第 7 期。

［80］刘晴、邓基超：《我国出口产业转移中的贸易成本效应——基于异质性企业贸易模型的分析》，《产业经济研究》2013 年第 1 期。

［81］刘青等：《中国海外并购的动因研究——基于广延边际与集约边际的视角》，《经济研究》2017年第1期。

［82］刘淑春等：《企业管理数字化变革能提升投入产出效率吗》，《管理世界》2021年第5期。

［83］刘维林等：《全球价值链嵌入对中国出口技术复杂度的影响》，《中国工业经济》2014年第6期。

［84］刘小迪等：《数字化转型赋能中国企业对外直接投资——基于国际生产折衷理论的框架分析》，《国际经贸探索》2024年第4期。

［85］刘旭颖：《数字经济成经济稳定增长新引擎》，《国际商报》2023年第7期。

［86］刘政等：《企业数字化、专用知识与组织授权》，《中国工业经济》2020年第9期。

［87］卢福财、金环：《互联网是否促进了制造业产品升级——基于技术复杂度的分析》，《财贸经济》2020年第5期。

［88］鲁晓东：《技术升级与中国出口竞争力变迁：从微观向宏观的弥合》，《世界经济》2014年第8期。

［89］伦晓波、刘颜：《沿着数字"一带一路"实现高质量发展》，《上海财经大学学报》2023年第1期。

［90］罗晓娜：《技术进步对中国对外直接投资的影响研究》，《北方经贸》2020年第9期。

［91］吕晓琪：《绿色金融对企业出口韧性的影响》，《工信财经科技》2024年第1期。

［92］马述忠、房超：《跨境电商与中国出口新增长——基于信息成本和规模经济的双重视角》，《经济研究》2021年第6期。

［93］毛其淋、方森辉：《创新驱动与中国制造业企业出口技术复杂度》，《世界经济与政治论坛》2018年第2期。

［94］毛其淋：《人力资本推动中国加工贸易升级了吗?》，《经济研究》2019年第1期。

［95］孟凡臣、谷洲洋：《并购整合、社会资本与知识转移：基于吉利并购沃尔沃的案例研究》，《管理学刊》2021年第5期。

［96］孟夏、董文婷：《企业数字化转型与出口竞争力提升——来自中国上市公司的证据》，《国际贸易问题》2022年第10期。

［97］潘红波、高金辉：《数字化转型与企业创新——基于中国上市公司年报的经验证据》，《中南大学学报（社会科学版）》2022年第5期。

［98］裴长洪等：《数字经济的政治经济学分析》，《财贸经济》2018年第9期。

［99］裴璇等：《企业数字化转型：驱动因素、经济效应与策略选择》，《改革》2023年第5期。

［100］戚聿东、蔡呈伟：《数字化对制造业企业绩效的多重影响及其机理研究》，《学习与探索》2020年第7期。

［101］戚聿东、肖旭：《数字经济时代的企业管理变革》，《管理世界》2020年第6期。

［102］祁怀锦等：《数字经济对公司治理的影响——基于信息不对称和管理者非理性行为视角》，《改革》2020年第4期。

［103］齐俊妍等：《金融发展与出口技术复杂度》，《世界经济》2011年第7期。

［104］钱学锋等：《出口与中国工业企业的生产率——自我选择效应还是出口学习效应?》，《数量经济技术经济研究》2011年第2期。

［105］卿陶：《国外技术引进与企业出口产品质量升级》，《财贸研究》2023年第1期。

［106］邱斌等：《出口学习抑或自选择：基于中国制造业微观企业的倍差匹配检验》，《世界经济》2012年第4期。

［107］邱斌等：《参与全球生产网络对我国制造业价值链提升影响的实证研究——基于出口复杂度的分析》，《中国工业经济》2012年第1期。

［108］阙澄宇等：《企业数字化转型如何影响对外直接投资二元边际?》，《财经问题研究》2023年第12期。

［109］沈国兵、袁征宇：《互联网化、创新保护与中国企业出口产品质量提升》，《世界经济》2020年第11期。

［110］盛斌、毛其淋：《进口贸易自由化是否影响了中国制造业出口技术复杂度》，《世界经济》2017年第12期。

［111］施炳展、邵文波：《中国企业出口产品质量测算及其决定因素——培育出口竞争新优势的微观视角》，《管理世界》2014年第9期。

［112］隋小宁等：《数字化转型与企业OFDI：来自中国的经验证据》，《世界经济研究》2024年第1期。

［113］孙乾坤等：《企业异质性与对外直接投资区位选择——基于生产率和所有权视角的研究》，《财贸研究》2021年第8期。

［114］唐建荣等：《"文化逆势"情境下的跨国并购驱动机制——基于QCA方法与多元回归的双重分析》，《江苏社会科学》2018年第5期。

［115］唐宜红、林发勤：《异质性企业贸易模型对中国企业出口的适用性检验》，《南开经济研究》2009 年第 6 期。

［116］陶攀、荆逢春：《中国企业对外直接投资的区位选择——基于企业异质性理论的实证研究》，《世界经济研究》2013 年第 9 期。

［117］田海峰等：《影响企业跨国并购绩效的制度因素分析——基于 2000—2012 年中国上市企业数据的研究》，《世界经济研究》2015 年第 6 期。

［118］佟家栋、杨俊：《互联网对中国制造业进口企业创新的影响》，《国际贸易问题》2019 年第 11 期。

［119］王博、康琦：《数字化转型与企业可持续发展绩效》，《经济管理》2023 年第 6 期。

［120］王金波、王佳：《数字经济赋能制造业出口竞争力：基于出口质量攀升的视角》，《武汉金融》2023 年第 1 期。

［121］王可、李连燕：《"互联网＋"对中国制造业发展影响的实证研究》，《数量经济技术经济研究》2018 年第 6 期。

［122］王墨林等：《数字化转型对企业国际化广度的影响研究：动态能力的中介作用》，《外国经济与管理》2022 年第 5 期。

［123］王荣基等：《数字化转型与企业市场势力——理论机制与经验识别》，《现代管理科学》2022 年第 6 期。

［124］王如萍、张焕明：《数字化转型与企业对外直接投资——创新能力和交易成本的中介作用》，《财贸研究》2023 年第 5 期。

［125］王如玉等：《虚拟集聚：新一代信息技术与实体经济深度融合的空间组织新形态》，《管理世界》2018 年第 2 期。

［126］王霞：《数字化转型对企业并购的影响研究——主并方数字化赋能视角》，《金融发展研究》2024 年第 4 期。

［127］王永进等：《基础设施如何提升了出口技术复杂度?》，《经济研究》2010 年第 7 期。

［128］王宇等：《R&D 投入对 IT 投资的协同效应研究——基于一个内部组织特征的情境视角》，《管理世界》2020 年第 7 期。

［129］王智新等：《数字金融发展对出口技术复杂度的影响研究》，《世界经济研究》2022 年第 8 期。

［130］韦江英：《智能化转型对制造业企业绩效的影响研究》，硕士学位论文，华侨大学，2022 年。

［131］魏昀妍等：《数字化转型能否提升企业出口韧性》，《国际贸易问题》2022 年第 10 期。

［132］吴非等：《企业数字化转型与资本市场表现——来自股票流动性的经验证据》，《管理世界》2021 年第 7 期。

［133］肖土盛等：《数字化的翅膀能否助力企业高质量发展——来自企业创新的经验证据》，《经济管理》2022 年第 5 期。

［134］肖旭、戚聿东：《产业数字化转型的价值维度与理论逻辑》，《改革》2019 年第 8 期。

［135］谢康等：《大数据成为现实生产要素的企业实现机制：产品创新视角》，《中国工业经济》2020 年第 5 期。

［136］熊俊等：《中国环境规制的就业效应研究——基于企业层面的微观影响分析》，《价格理论与实践》2022 年第 9 期。

［137］徐怀宁、董必荣：《数字化转型如何推动企业可持续发展——基于企业核心竞争力塑造的视角》，《当代经济管理》2023 年第 7 期。

［138］徐翔等：《数据生产要素研究进展》，《经济学动态》2021 年第 4 期。

［139］徐阳等：《知识产权保护对企业出口产品质量影响研究》，《宏观经济研究》2024 年第 2 期。

［140］徐晔等：《智能制造、劳动力技能结构与出口技术复杂度》，《财贸研究》2022 年第 3 期。

［141］严兵、张禹：《生产率、融资约束与对外直接投资》，《世界经济研究》2016 年第 9 期。

［142］阎大颖：《国际经验、文化距离与中国企业海外并购的经营绩效》，《经济评论》2009 年第 1 期。

［143］阎大颖：《制度距离、国际经验与中国企业海外并购的成败问题研究》，《南开经济研究》2011 年第 5 期。

［144］杨波等：《企业所有制能否影响中国企业海外并购的成败》，《国际贸易问题》2016 年第 7 期。

［145］杨德明、刘泳文：《"互联网+"为什么加出了业绩》，《中国工业经济》2018 年第 5 期。

［146］杨玫研等：《数字化转型如何影响中国企业跨境并购——来自上市公司的经验证据》，《国际经贸探索》2022 年第 12 期。

［147］杨光、侯钰：《工业机器人的使用、技术升级与经济增长》，《中国工业经济》2020 年第 10 期。

［148］杨慧梅、李坤望：《资源配置效率是否影响了出口产品质量？》，《经济科学》2021 年第 3 期。

［149］杨晶辉、孙凤芹：《后疫情时代我国中小企业数字化转型影响因素》，

《华北理工大学学报（社会科学版）》2023 年第 1 期。

[150] 杨静銮等：《粤港澳大湾区技术创新特征及其演化路径》，《地理科学进展》2022 年第 9 期。

[151] 杨连星、刘晓光：《中国 OFDI 逆向技术溢出与出口技术复杂度提升》，《财贸经济》2016 年第 6 期。

[152] 杨玛丽、陈银飞：《制造业企业数字化转型、全要素生产率与出口规模关系研究》，《中国物价》2022 年第 9 期。

[153] 杨棉之、孙超：《企业内部控制、政治风险与跨国并购绩效——基于 SEM 的实证分析》，《科学决策》2014 年第 4 期。

[154] 杨青龙、张欣悦：《行政审批制度改革与中国制造业企业出口技术复杂度》，《国际贸易问题》2022 年第 2 期。

[155] 杨仁发、姚圆圆：《公共服务供给对制造业转型升级的影响》，《广西财经学院学报》2022 年第 1 期。

[156] 杨英英等：《子公司自主性、风险承担与企业创新投入》，《科技进步与对策》2022 年第 6 期。

[157] 姚洋、张晔：《中国出口品国内技术含量升级的动态研究——来自全国及江苏省、广东省的证据》，《中国社会科学》2008 年第 2 期。

[158] 姚战琪：《数字贸易、产业结构升级与出口技术复杂度——基于结构方程模型的多重中介效应》，《改革》2021 年第 1 期。

[159] 衣长军、赵晓阳：《数字化转型能否提升中国跨国企业海外投资效率》，《中国工业经济》2024 年第 1 期。

[160] 易靖韬：《企业异质性、市场进入成本、技术溢出效应与出口参与决定》，《经济研究》2009 年第 9 期。

[161] 易靖韬、傅佳莎：《企业生产率与出口：浙江省企业层面的证据》，《世界经济》2011 年第 5 期。

[162] 易靖韬、王悦昊：《数字化转型对企业出口的影响研究》，《中国软科学》2021 年第 3 期。

[163] 余东华、李云汉：《数字经济时代的产业组织创新——以数字技术驱动的产业链群生态体系为例》，《改革》2021 年第 7 期。

[164] 于欢等：《数字产品进口如何影响中国企业出口技术复杂度》，《国际贸易问题》2022 年第 3 期。

[165] 于梦鑫：《数字化转型对企业创新绩效的影响机制研究——基于组织敏感性视觉》，硕士学位论文，南京邮电大学，2022 年。

[166] 袁淳等：《数字化转型与企业分工：专业化还是纵向一体化》，《中国

工业经济》2021年第9期。

［167］元悦：《Melitz异质性企业贸易模型》，《生产力研究》2013年第9期。

［168］袁建国等：《企业政治资源的诅咒效应——基于政治关联与企业技术创新的考察》，《管理世界》2015年第1期。

［169］袁其刚等：《人工智能促进了制造业企业出口产品升级吗？——基于技术复杂度视角的分析》，《产业经济评论》2022年第3期。

［170］岳云嵩、李兵：《电子商务平台应用与中国制造业企业出口绩效——基于"阿里巴巴"大数据的经验研究》，《中国工业经济》2018年第8期。

［171］岳云嵩等：《互联网对企业进口的影响——来自中国制造业企业的经验分析》，《国际经贸探索》2017年第3期。

［172］曾德麟等：《数字化转型研究：整合框架与未来展望》，《外国经济与管理》2021年第5期。

［173］詹晓宁、欧阳永福：《数字经济下全球投资的新趋势与中国利用外资的新战略》，《管理世界》2018年第3期。

［174］张宝友等：《企业数字化转型、知识产权保护与对外直接投资——来自中国服务业上市公司的经验证据》，《国际贸易问题》2023年第5期。

［175］张兵兵等：《人工智能与企业出口技术复杂度提升》，《国际贸易问题》2023年第8期。

［176］张宸妍等：《政策支持与企业对外直接投资——基于制度视角的实证研究》，《国际商务（对外经济贸易大学学报）》2022年第3期。

［177］张建红、周朝鸿：《中国企业走出去的制度障碍研究——以海外收购为例》，《经济研究》2010年第6期。

［178］张杰等：《出口促进中国企业生产率提高吗？——来自中国本土制造业企业的经验证据：1999～2003》，《管理世界》2009年第12期。

［179］张树含、李晓翔：《数字化转型对企业融通创新的影响研究——基于边界视角的作用机制分析》，《软科学》2023年第12期。

［180］张体俊等：《企业管理能力、全要素生产率与企业出口——基于中国制造业微观企业证据》，《国际贸易问题》2022年第5期。

［181］张文佳：《疫情下我国企业跨国并购的新发展》，《市场论坛》2021年第6期。

［182］张夏等：《事实汇率制度、企业生产率与出口产品质量》，《世界经济》2020年第1期。

［183］张晓莉等：《科技金融发展与企业出口技术复杂度》，《上海立信会计金融学院学报》2022年第5期。

［184］张叶青等：《大数据应用对中国企业市场价值的影响——来自中国上市公司年报文本分析的证据》，《经济研究》2021 年第 12 期。

［185］张元钊：《政治风险影响了中国企业跨国并购吗——基于面板负二项回归模型的实证分析》，《国际商务（对外经济贸易大学学报）》2016 年第 3 期。

［186］赵璨等：《"互联网＋"有利于降低企业成本粘性吗?》，《财经研究》2020 年第 4 期。

［187］赵宸宇等：《数字化转型如何影响企业全要素生产率》，《财贸经济》2021 年第 7 期。

［188］赵琳瑞等：《数字化转型对制造企业技术创新能力的影响研究》，《科技与管理》2022 年第 2 期。

［189］赵鹏、刘汉卿：《跨国并购绩效及影响因素文献综述》，《北方经贸》2019 年第 11 期。

［190］赵瑞丽等：《互联网深化、信息不确定性与企业出口平稳性》，《统计研究》2021 年第 7 期。

［191］赵涛等：《数字经济、创业活跃度与高质量发展——来自中国城市的经验证据》，《管理世界》2020 年第 10 期。

［192］赵婷婷等：《数字化转型助力企业外循环：影响机理和实现路径》，《技术经济》2021 年第 9 期。

［193］赵伟等：《企业出口决策："被迫"还是"自选择"——浙江与广东的经验比较》，《当代经济科学》2011 年第 1 期。

［194］甄红线等：《知识产权行政保护与企业数字化转型》，《经济研究》2023 年第 11 期。

［195］郑丹青：《全球价值链嵌入、自主创新与企业出口技术复杂度》，《世界经济与政治论坛》2021 年第 6 期。

［196］钟晓龙等：《数字化转型、企业出口与地区外部性》，《首都经济贸易大学学报》2022 年第 6 期。

［197］周佳：《机构投资者、公司治理与跨国并购绩效》，《财会通讯》2017 年第 36 期。

［198］周健、曹守新：《反规避视角下中国对发展中国家出口贸易影响因素分析——以印度等国家为例》，《亚太经济》2022 年第 6 期。

［199］周茂等：《企业生产率与企业对外直接投资进入模式选择——来自中国企业的证据》，《管理世界》2015 年第 11 期。

［200］周楠、杨竹：《制度距离与中国企业跨国并购创新绩效》，《科研管理》2023 年第 2 期。

［201］周青等：《数字化水平对创新绩效影响的实证研究——基于浙江省 73 个县（区、市）的面板数据》，《科研管理》2020 年第 7 期。

［202］周永红等：《我国高技术企业跨国并购绩效影响因素研究》，《工业技术经济》2017 年第 10 期。

［203］朱勤等：《互联网发展与城市出口技术复杂度提升》，《浙江社会科学》2021 年第 10 期。

［204］祝树金等：《数字化转型能提升企业出口产品质量吗》，《经济学动态》2023 年第 11 期。

［205］朱文凤：《中国信通院何伟：2023 年六大因素驱动数字经济加速发展》，《通信世界》2023 年第 1 期。

［206］Abouzeedan, A., et al.,"Internetization Management as A Facilitator for Managing Innovation in High-Technology Smaller Firms", *Global Business Review*, Vol. 14, No. 1（2013）.

［207］Acemoglu, D., et al.,"Evidence from US Labor Markets", *Journal of Political Economy*, Vol. 128, No. 6（2020）.

［208］Aghion, P., et al.,"Artificial Intelligence and Economic Growth", NBER Working Paper, No. 23928, 2017.

［209］Ahmed, B., *Digital Futures*, *Digital Transformation*, Springer, 2016.

［210］Antràs, P.,"Conceptual Aspects of Global Value Chains", *World Bank Economic Review*, Vol. 34, No. 3（2020）.

［211］Bakhshi, H., et al.,"The Analytical Firm: Estimating the Effect of Data and Online Analytics on Firm Performance", Nesta Working Paper, No. 14/05, 2014.

［212］Angeliki, K., et al.,"The Impact of Digital Transformation in the Financial Services Industry: Insights from an Open Innovation Initiative in Fintech in Greece", Mediterranean Conference of Information Systems, 2017.

［213］Antràs, P., Helpman, E.,"Global Sourcing", *Journal of Political Economy*, Vol. 112, No. 3（2004）.

［214］Azam, H. H. B., et al.,"The Impact of Breakthrough Innovations on the Export Performance of SMEs in Developing Countries: The Moderating Role of Institutional Factors", *Frontiers in Psychology*, No. 13（2022）.

［215］Bailey, W.,"Bank Loans with Chinese Characteristics: Some Evidence on Inside Debt in a State-Controlled Banking System", *The Journal of Financial and Quantitative Analysis*, Vol. 46, No. 6（2011）.

［216］Banalieva, E. R., Dhanaraj, C.,"Internalization Theory for the Digital Economy", *Journal of International Business Studies*, Vol. 50, No. 8 (2019).

［217］Bender, S., et al., "Management Practices, Work Force Selection, and Productivity", *Journal of Labor Economics*, Vol. 36, No. S1 (2018).

［218］Berman, S. J., "Digital Transformation: Opportunities to Create New Business Models", *Strategy & Leadership*, Vol. 40, No. 2 (2012).

［219］Bianchi C., Mathews S., "Internet Marketing and Export Market Growth in Chile", *Journal of Business Research*, Vol. 50, No. 8 (2019).

［220］Bloom, N., et al., "Does Management Matter? Evidence from India", *Quarterly Journal of Economics*, Vol. 128, No. 1 (2013).

［221］Brandt, L., et al., "Creative Accounting or Creative Destruction? Firm-level Productivity Growth in Chinese Manufacturing", *Journal of Development Economics*, Vol. 97, No. 2, 2012.

［222］Buckley, P. J., Boddewyn, J. J., "The Internalization of Societal Failures by Multinational Enterprises", *The Multinational Business Review*, Vol. 23, No. 3 (2015).

［223］Buckley, P. J., Casson, M., *The Future of the Multinational Enterprise*, *The Macmillan Press*, 1976.

［224］Burri, M., *Understanding and Shaping Trade Rules for the Digital Era*, Cambridge: Cambridge University Press, 2018.

［225］Chen, W. C., "The Extensive and Intensive Margins of Exports: The Role of Innovation", *The World Economy*, Vol. 36, No. 5 (2013).

［226］Cingano, F., Schivardi, F., "Identifying the Sources of Local Productivity Growth", *Journal of the European Economic Association*, Vol. 2, No. 4 (2004).

［227］Datta, D. K., Puia, G., "Cross-Border Acquisitions: An Examination of the Influence of Relatedness and Cultural Fit on Shareholder Value Creation in U. S. Acquiring Firms", *Management International Review*, Vol. 35, No. 4 (1995).

［228］DeStefano, T., Timmis, J., "Robots and Export Quality", *Journal of Development Economics*, Vol. 168, 2024.

［229］Dikova, D., Sahib, P. R., "Is Cultural Distance a Bane or a Boon for Cross-border Acquisition Performance?", *Journal of World Business*, Vol. 48, No. 1 (2013).

［230］Dong, J. Q., Yang, C., "Information Technology and Innovation Outcomes: Is Knowledge Recombination the Missing Link?", *European Journal of Information Systems*, Vol. 28, No. 6 (2019).

［231］Dunning, J. H., "Trade, Location of Economic Activity and the MNE: A Search for an Eclectic Approach", The International Allocation of Economic Activity, London, 1977.

［232］Eden, L., "Multinationals and Foreign Investment Policies in a Digital World", International Centre for Trade and Sustainable Development, 2016.

［233］Ekata, G. E., "The IT Productivity Paradox: Evidence from the Nigerian Banking Industry", *The Electronic Journal of Information Systems in Developing Countries*, Vol. 51, No. 1 (2012).

［234］Fang, Y., et al., "The Impact of Financial Development on the Upgrading of China's Export Technical Sophistication", *International Economics and Economic Policy*, Vol. 12, No. 2 (2015).

［235］Finger, J., Kreinin, M., "A Measure of 'Export Similarity' and Its Possible Uses", *The Economic Journal*, Vol. 89, No. 356 (1979).

［236］Ghasemaghaei, M., Calic G., "Does Big Data Enhance Firm Innovation Competency? The Mediating Role of Data-driven Insights", *Journal of Business Research*, Vol. 104, 2019.

［237］Goldfarb, A., et al., "Economic Analysis of the Digital Economy", *Journal of Economic Literature*, Vol. 57, No. 1 (2019).

［238］Goldfarb, A., Tucker, C., "Digital Economics", *Journal of Economic Literature*, Vol. 57, No. 1 (2019).

［239］Gomez-Herrera, E., et al., "The Drivers and Impediments for Cross-border E-commerce in the EU", *Information Economics and Policy*, Vol. 28, 2014.

［240］Grant, G. B., et al., "Information and Communication Technology for Industrial Symbiosis", *Journal of Industrial Ecology*, Vol. 14, No. 5 (2010).

［241］Gregory, V., "Understanding Digital Transformation: A Review and a Research Agenda", *Journal of Strategic Information Systems*, Vol. 28, No. 2 (2019).

［242］Guliy, Ilia, M., "Methodology for Assessing the Economic Effects of Investing in Digital Technologies in Transportation", *Transportation Systems and Technology*, Vol. 5, No. 4 (2019).

［243］Hajli, M., et al., "Information Technology (IT) Productivity Paradox in the 21st Century", *International Journal of Productivity and Performance Management*, Vol. 64, No. 4 (2015).

［244］Hasan, M. M., et al., "Institutional Distance Factors Influencing Firm Performance: A Hypothetical Framework from Cross-border Mergers and Acquisitions", *The*

Journal of Developing Areas, Vol. 50, No. 6 (2016).

［245］Hausmann, R., et al., "What You Export Matters", *Journal of Economic Growth*, Vol. 12, No. 1 (2007).

［246］Hausmann, R., Rodrik, D., "Economic Development as Self-discovery", *Journal of Development Economics*, Vol. 72, No. 2 (2003).

［247］He, J., et al., "Mobile App Recommendation: An Involvement-enhanced Approach", *MIS Quarterly.* Vol. 43, No. 3 (2019).

［248］Helpman, E., "A Simple Theory of Trade with Multinational Corporations", *Journal of Political Economy*, Vol. 92, 1984.

［249］Helpman, E., et al., "Export versus FDI with Heterogeneous Firms", *The American Economic Review*, Vol. 94, No. 1 (2004).

［250］Hess, T., et al., "Options for Formulating a Digital Transformation Strategy", *MIS Quarterly Executive*, Vol. 15, No. 2 (2016).

［251］Horlach, B., et al., "Increasing the Agility of IT Delivery: Five Types of Bimodal IT Organization. HICSS", in *Proceedings of the 50th Hawaii International Conference on System Sciences*, Waikoloa Beach, HI: HICSS, 2017.

［252］Hsieh, C., Klenow, P., "Misallocation and Manufacturing TFP in China and India", *Quarterly Journal of Economics*, Vol. 124, No. 4 (2009).

［253］Huang, J. C., et al., "Growing on Steroids: Rapidly Scaling the User Base of Digital Ventures through Digital Innovation", *Mis Quarterly*, Vol. 41, No. 1 (2017).

［254］Hymer, S. H., *The International Operations of National Firms: A Study of Direct Foreign Investment*, The MIT Press, 1976.

［255］Liu, D., et al., "Resource Fit in Digital Transformation Lessons Learned from the CBC Bank Global E-banking Project", *Management Decision*, Vol. 49, No. 10 (2011).

［256］Ilvonen, I., et al., "Reconciling Digital Transformation and Knowledge Protection: A Research Agenda", *Knowledge Management Research & Practice*, Vol. 16, No. 2 (2018).

［257］Jones, C. I., Tonetti, C., "Nonrivalry and the Economics of Data", *American Economic Review*, Vol. 110, No. 9 (2020).

［258］Karimi, J., Walter, Z., "The Role of Dynamic Capabilities in Responding to Digital Disruption: A Factor-based Study of the Newspaper Industry", *Journal of Management Information Systems*, Vol. 32, No. 1 (2015).

［259］Kim, S. M., Joseph, T., "Mahoney, Mutual Commitment to Support Exchange: Relation - specific It System as a Substitute for Managerial Hierarchy", *Strategic Management Journal*, Vol. 27, No. 5 (2006).

［260］Krugman, P., "Scale Economies, Product Differentiation, and the Pattern of Trade", *American Economic Review*, Vol. 70, No. 5 (1980).

［261］Lechevalier, S., et al., "Diversity in Patterns of Industry Evolution: How an Intrapreneurial Regime Contributed to the Emergence of the Service Robot Industry", *Research Policy*, Vol. 43, No10 (2010).

［262］Levinsohn, J., Petrin, A., "Estimating Production Functions Using Inputs to Control for Unobservables", *The Review of Economic Studies*, Vol. 70, No. 2 (2003).

［263］Lewis, G., "Asymmetric Information, Adverse Selection and Online Disclosure: The Case of eBay Motors", *American Economic Review*, Vol. 101, No. 4 (2011).

［264］Liopis-Albert, C., et al., "Impact of Digital Transformation on the Automotive Industry", *Technological Forecasting and Social Change*, Vol. 162, No. 1 (2016).

［265］Liu, D. Y., et al., "Resource fit in digital transformation", *Management Decision*, 2012, Vol. 49, No. 10 (2012).

［266］Liu, L., Nath, H. K., "Information and Communications Technology and Trade in Emerging Market Economies", *Emerging Markets Finance and Trade*, Vol. 49, No. 6 (2013).

［267］Loebbecke, C., Picot, A., "Reflections on Societal and Business Model Transformation Arising from Digitization and Big Data Analytics: A Research Agenda", *The Journal of Strategic In-formation Systems*, Vol. 24, No. 3 (2015).

［268］Louridas, P., Ebert, C., "Machine Learning", *IEEE Software*, Vol. 33, No. 5 (2016).

［269］Maddala, G. S., *Limited-Dependent and Qualitative Variables in Econometrics*, Cambridge University Press, 1986.

［270］Madushanka, H., Sachit, V., "Factors Influencing on Export Engagement of Small and Medium-Sized Enterprises in Sri Lanka: Resource Based View", *South Asian Journal of Social Studies and Economics*, Vol. 9, No. 3 (2021).

［271］Maite, A., et al., "Robot Adoption and Export Performance: Firm-level Evidence from Spain", *Economic Modelling*, No. 114, 2022.

［272］Markusen, J. R., "Multinationals, Multi-plant Economies and the Gains from Trade", *Journal of international Economics*, Vol. 16, 1984.

［273］Matt, C., et al., "Digital Transformation Strategies", *Business & Information Systems Engineering*, Vol. 57, No. 5 (2015).

［274］Melitz, M. J., "The Impact of Trade on Intra-industry Reallocations and Aggregate Industry Productivity", *Econometrica*, Vol. 71, No. 6 (2003).

［275］Mergel, I., et al., "Defining Digital Transformation: Results from Expert Interviews", *Government Information Quarterly*, Vol. 36, No. 4 (2019).

［276］Michaely, M., *Trade, Income Levels and Dependence*, North-Holland, Amsterdam: Elsevier Science Ltd, 1984.

［277］Nambisan, S., et al., "Digital Innovation Management: Reinventing Innovation Management Research in a Digital World", *Mis Quarterly*, Vol. 41, No. 1 (2017).

［278］Olley, G., Pakes, A., "The Dynamics of Productivity in the Telecommunications Equipment Industry", *Econometrica*, Vol. 64, No. 6 (1996).

［279］Parida, V., Örtqvist, D., "Interactive Effects of Network Capability, ICT Capability and Financial Slack on Technology-Based Small Firm Innovation Performance", *Journal of Small Business Management*, Vol. 53, No. S1 (2015).

［280］Rodrik, D., "What's So Special about China's Exports?", *China & World Economy*, Vol. 14, No. 5 (2006).

［281］Porter, M. E., The Competitive Advantage of Nations, The Free Press, 1990, New York.

［282］Schott, P. K., "The Relative Sophistication of Chinese Exports", *Economic Policy*, 23, No. 53 (2008).

［283］Staden, L. J., "The Influence of Certain Factors on South African Small and Medium-sized Enterprises Towards Export Propensity", *Development Southern Africa*, Vol. 39, No. 3 (2022).

［284］Teece, D. J., "Profiting from Innovation in the Digital Economy: Enabling Technologies, Standards and Licensing Models in the Wireless World", *Research Policy*, Vol. 47, No. 8 (2018).

［285］Thomas, H., et al., "Options for Formulating a Digital Transformation Strategy", *MIS Quarterly Executive*, Vol. 15, No. 2 (2016).

［286］Vernon, R., "The Product Cycle Hypothesis in a New International Environment", *Oxford Bulletin of Economics and Statistics*, Vol. 41, 1979.

［287］Vial, G., "Understanding Digital Transformation: A Review and A Research Agenda", *Managing Digital Transformation*. Routledge, 2021.

［288］Wang, H., et al., "Environmental Regulation, Foreign Direct Investment, and Export Sophistication of China: An Empirical Study Based on Dynamic System GMM and Threshold Model", *Environmental Science and Pollution Research International*. Vol. 29, 2022.

［289］Warner, K. S. R., WÄGER, M., "Building Dynamic Capabilities for Digital Transformation: An Ongoing Process of Strategic Renewal", *Long Range Planning*, Vol. 52, No. 3 (2019).

［290］Xu, B., "Measuring China's Export Sophistication", China Europe International Business School, 2007.

［291］World Trade Report 2018: The Future of World Trade.

［292］Xu, B., Lu, J. Y., "Foreign Direct Investment, Processing Trade, and the Sophistication of China's Exports", *China Economic Review*, Vol. 20, No. 3 (2009).

［293］Zhang, J., et al., "Completion of Chinese Overseas Acquisitions: Institutional Perspectives and Evidence", *International Business Review*, Vol. 20, No. 2 (2011).

附　录

"宽带中国"示范城市（城市群）名单

2014 年度

北京市、天津市、上海市、长株潭城市群（长沙市全域、株洲市中心城区及醴陵市、湘潭市中心城区及韶山市和湘潭县）、石家庄市、大连市、本溪市、延边朝鲜族自治州、哈尔滨市、大庆市、南京市、苏州市、镇江市、昆山市、金华市、芜湖市、安庆市、福州市（含平潭）、厦门市、泉州市、南昌市、上饶市、青岛市、淄博市、威海市、临沂市、郑州市、洛阳市、武汉市、广州市、深圳市、中山市、成都市、攀枝花市、阿坝藏族羌族自治州、贵阳市、银川市、吴忠市、阿拉尔市

2015 年度

太原市、呼和浩特市、鄂尔多斯市、鞍山市、盘锦市、白山市、扬州市、嘉兴市、合肥市、铜陵市、莆田市、新余市、赣州市、东营市、济宁市、德州市、新乡市、永城市、黄石市、襄阳市、宜昌市、十堰市、随州市、岳阳市、汕头市、梅州市、东莞市、重庆市江津区、重庆市荣昌区、绵阳市、内江市、宜宾市、达州市、玉溪市、兰州市、张掖市、固原市、中卫市、克拉玛依市

2016 年度

阳泉市、晋中市、乌海市、包头市、通辽市、沈阳市、牡丹江市、无锡市、泰州市、南通市、杭州市、宿州市、黄山市、马鞍山市、吉安市、烟台市、枣庄市、商丘市、焦作市、南阳市、鄂州市、衡阳市、益阳市、玉林市、海口市、九龙坡区、北碚区、雅安市、泸州市、南充市、遵义市、文山壮族苗族自治州、拉萨市、林芝市、渭南市、武威市、酒泉市、天水市、西宁市

责任编辑：曹　春
封面设计：汪　莹

图书在版编目（CIP）数据

数字化转型对中国企业国际化行为的影响 ／ 陶攀著.
北京 ：人民出版社，2025. 4. -- ISBN 978 - 7 - 01 - 027151 - 4

Ⅰ. F279. 23

中国国家版本馆 CIP 数据核字第 2025T73M54 号

数字化转型对中国企业国际化行为的影响

SHUZIHUA ZHUANXING DUI ZHONGGUO QIYE GUOJIHUA XINGWEI DE YINGXIANG

陶 攀 著

人民出版社 出版发行
（100706　北京市东城区隆福寺街 99 号）

北京汇林印务有限公司印刷　新华书店经销

2025 年 4 月第 1 版　2025 年 4 月北京第 1 次印刷
开本 :710 毫米×1000 毫米 1/16　印张 :12.5
字数 :185 千字

ISBN 978 - 7 - 01 - 027151 - 4　定价 :68.00 元

邮购地址 100706　北京市东城区隆福寺街 99 号
人民东方图书销售中心　电话（010）65250042　65289539